S. FISCHER

Tim Wolff, geboren 1978, ist Satiriker und Journalist. Von 2013 bis 2018 war er Chefredakteur der Satirezeitschrift »Titanic« und veröffentlichte Texte unter anderem im »Mannheimer Morgen«, der »taz«, für »Neues Deutschland« und »Konkret«. Heute ist er Autor für das ZDF Magazin Royal von Jan Böhmermann. Er lebt in Frankfurt am Main.

Weitere Informationen finden Sie auf www.fischerverlage.de

TIM WOLFF

BEST OF SAPIENS

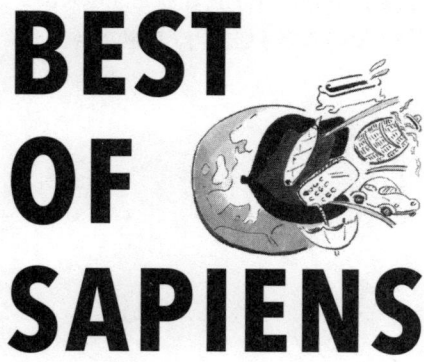

Zehn Errungenschaften
einer gescheiterten Spezies

S. FISCHER

Originalausgabe
Erschienen bei S. FISCHER
© 2022 S. Fischer Verlag GmbH,
Hedderichstr. 114, D-60596 Frankfurt am Main

Dieses Buch basiert zum Teil auf Texten, die zuerst unter dem Rubrum »Best of Menschheit« im »nd« erschienen sind. Weitere Textelemente erschienen zuerst in »Konkret« und der »Frankfurter Allgemeinen Zeitung«.

Umschlaggestaltung: Hauptmann & Kompanie Werbeagentur, Zürich
Umschlagabbildung: Hilke Raddatz
Satz: Fotosatz Amann, Memmingen
Druck und Bindung: GGP Media GmbH, Pößneck
Printed in Germany
ISBN 978-3-10-397126-2

Inhalt

Schlusswort

Das war's. Die Menschheit macht Schluss. Zumindest mit dem, was sie selbst (in deutscher Sprache) Zivilisation nennt. Ein Hitzerekord folgt dem nächsten. Das polare Eis schmilzt rasant. Permafrostböden tauen. Riesige Waldflächen brennen oder werden von Käfern und Pilzen kaputtgefressen. Größte Riffe erstarren. Jedes Jahr gibt es irgendwo auf dem Planeten Jahrtausendfluten. Es regnet Mikroplastik auf die Plastikinseln, die durchs Meer treiben. Tier- und Pflanzenarten sterben massenweise aus. Viren hüpfen von Wild- zum Nutztier oder direkt zu dem Tier über, das keines sein will und sich irgendwie aus der Evolution gestohlen hat. Und trotzdem macht diese über den Planeten herrschende Spezies, der Homo sapiens, unverdrossen weiter mit den Aktivitäten, die all das verursachen. Er bläst weiter und weiter klimaerwärmende Gase in die Atmosphäre, rodet aber dabei noch die Bäume weg, die wenigstens einen Teil davon schlucken könnten. Er, oder präziser: die Reichsten dieser Spezies, also die, die den größten Teil der Nordhalbkugel der Erde bewohnen, besonders die Länder Europas, die der Welt Imperialismus und Kapitalismus brachten – also: Sie! –, lebt so, als gäbe es drei oder vier Erden. Und je offensichtlicher das Ende dieses rücksichtslosen Lebens näher rückt, desto intensiver und verlogener wird die Selbstzerstörung zelebriert. Ob die großen Staaten und Firmen per Fracking noch die letzten Reste Treibstoff für den Treibhauseffekt aus dem Boden pressen oder noch die letzten Ecken des Planeten tou-

ristisch erschlossen und mit immer größeren Kreuzfahrt-
schiffen zugeparkt werden: Alle wissen auf die eine oder
andere Weise, dass es die letzte Gelegenheit ist, das zu tun.
Also wird sie »genutzt«. Der Rest ist Gewissensberuhigung
durch Greenwashing. Wer drei Euro fürs Bäumepflanzen
spendet (zum Beispiel per Bierkauf), kann auch mit dem
SUV zum Kurzstreckenflug fahren. Und selbst dieses bisschen Ablass ist eine Randerscheinung. Ein Blick auf die
konsequente ansteigende Entwicklung des Ausstoßes von
die Katastrophe hervorbringenden Gasen genügt, um zu
wissen, dass kein Klimagipfel, keine Werbekampagne, kein
Schüler:innen-Streik etwas daran ändert, dass der im Kapitalismus zu sich gekommene Homo sapiens nicht anders
kann, als immer weiter zu »wachsen«. Und Wachstum gibt es
nur mit den Feuern, mit denen der Mensch alles antreibt und
kocht, zuletzt sich selbst. Im Angesicht der Katastrophe hat
sich die erfolgreichste Spezies der bisherigen Erdgeschichte
ungefähr diese Logik bereitgelegt: »Die Suppe ist komplett
versalzen, bin ich nicht toll, da ich ab jetzt gelegentlich nur
etwas weniger zusalze?« Um dann aber neue Salzmassen
reinzukippen.

Kleider machen Leute, behaupteten mal die Deutschen.
Das ist aber nur eine Unterregel der Bedingungen, die den
Homo sapiens zum Herrscher über die Erde gemacht haben:
Klima macht Wetter, Wetter macht Kleider, Kleider machen
Leute.

Kurz: Klima macht Kultur. Ist das Klima anders, werden es
auch die Menschen. Was immer folgt, wenn das Klima nicht
mehr das ist, das den Sapiens zugelassen hat, ist mindestens
eine gänzlich andere Kultur des Menschen.

Das alles ist nicht lustig, sogar ärgerlich – zum Beispiel für Menschen, die noch einen langlebigen Familienbetrieb oder eine politische Dynastie auf den Weg bringen wollten –, aber ist es auch schade? Hier will dieses Buch allen Mut zusammennehmen, nicht in naheliegende Misanthropie verfallen und festen Standes ausrufen: Ja! Ja, es ist schade, dass Milliarden Menschen unsinnige und wahrscheinlich grausam ängstigende Tode werden sterben müssen! Ja, es ist sogar schade um das, was der Mensch trotz allem erreicht hat!

Gut, er hat es seit seiner Sesshaftigkeit vor circa 10 000 Jahren wohl kaum mal ein paar Wochen ohne Krieg, Brandschatzen und all das ausgehalten. Es gab Genozide, systematisierte Brutalität zuhauf. Es gab Dschingis Khan, Iwan, den Schrecklichen, Pol Pot, Idi Amin, Hitler, Stalin, Mao und Horst Lichter. Es gab Nero, Attila, Tomás de Torquemada, Louis XIV., Leopold II. und Karl-Heinz Rummenigge. Es gab Mussolini, Pinochet, Gaddafi, Saddam Hussein und bestimmt auch einmal irgendwo eine Frau, die grausam war.

Der Mensch, der alte Sauhund, hat in seinen paar tausend Jahren Zivilisation einiges getan und geschaffen, um mächtige individuelle Spuren zu hinterlassen. Mit dem höheren Bewusstsein, das vor allem ein Bewusstsein der Sterblichkeit ist, kam die Arroganz und Dreistigkeit, der Nachwelt etwas mitgeben zu wollen, Fragmente eines Ichs zur Instanz für die Nachgeborenen zu machen. Die Protzigkeit der Gräber und Denkmäler des Sapiens ist Legende. Doch auch über Grabbeigaben hinaus gibt der Sapiens fleißig gute wie schlechte Ideen weiter, über das, was ihn noch vor dem aufrechten Gang und diesem praktischen Daumen zum einzigartigen Tier macht: die Sprache. Jede Vermutung, jeder Glaube, jede

Erkenntnis hat die Chance, zur Welterklärung oder -erschaffung zu werden, wenn die mündliche Übertragung – oder noch besser: die Niederschrift – gelingt und die Vermutungen, der Glaube und die Erkenntnisse anderer die Zeit nicht genauso gut überdauern. Das alte Rom etwa ist vor allem das Rom Ciceros. Und Geschichte vor allem das Missverständnis, Männer wüssten, was sie tun oder getan haben.

Also wer anderes sollte zum Schluss sich trotz der Beweislast gegen den Sapiens zu dessen Anwalt aufschwingen, zum Advocatus humanoli, als ein Mann, der auch nicht so genau weiß, was er tut?

Und selbstverständlich muss dieser Mann ein Deutscher sein. Wer ungefragt in Deutschland hineingeboren wurde, also dem Land in der Mitte Europas, in der Mitte der nördlichen Welt – und somit gemessen an der Historie des menschlichen Reichtums auch der gesamten –, der stammt aus einer Nation, einem Volk, einer Kultur (oder was Deutsche noch so gerne an Begriffen verwenden), das den schlimmsten, weil skrupellos industriell ausgeführten, Massenmord der Geschichte nur ein paar Wimpernschläge später mit der Haltung »Ach komm, Schwamm drüber! Es haben doch nicht nur die anderen gelitten« weggewischt hat. Und nur noch ein paar Augenaufschläge mehr für das Selbstverständnis »Wir haben unsere Geschichte besser verarbeitet als alle anderen, deswegen sind wir ein Vorbild für die ganze Welt!« gebraucht hat. Wenn also jemand gegen jeden offensichtlich grausamen Fakt sich und seinesgleichen einfach so gut finden kann, dann ja wohl nur ein weißer deutscher Mann.

Es folgt also, zum großen Finale der Menschheit, eine Top 10 aus Hunderttausenden Jahren Sapiens, geschrieben von einem deutschen Mann, der glaubt zu wissen, was er tut. Es folgen zehn Preisungen dessen, was vielleicht doch ganz okay war, vor allem in den letzten mindestens zehntausend Jahren. In jedem Kapitel wird eine Errungenschaft vorgestellt, von der zehntbesten bis zum absoluten Höhepunkt menschlichen Strebens, aus unterschiedlichen Bereichen der ausgesprochen vielfältigen Betätigungen des Sapiens über die Zeit. Es sind die zehn wesentlichen Errungenschaften der gescheiterten Spezies Homo sapiens, höchst subjektiv ausgewählt und doch so wahr wie jedes andere Ranking, das sich der Mensch im Laufe seiner Jahrtausende ausgedacht hat.

Oder anders gesagt: In diesem Buch ist der Mensch des Menschen Sonja Zietlow.

Platz 10

Um zu erzählen, was die Krönung der Geschichte der menschlichen Ernährung war, muss man ein wenig ausholen.

Der ganze Gag am Homo sapiens ist seine Fähigkeit, die eigene Natur zu reflektieren und dann gegen sie handeln zu können. Das im Vergleich »höhere Bewusstsein«[1] gegenüber anderen Spezies erlaubt ihm wissenschaftliche, aber auch auf anderen Wegen zufällig treffende Erkenntnis grundlegender Funktionen irdischen Lebens und die theoretische Reflexion und praktische Umsetzung der Ausnutzung oder gar Umgehung dieser. Egal, was dem Homo sapiens die eigene Biologie vorgibt – Größe, Geschlecht, Kraft, Begehren, Gesundheit und so weiter –, er hat die Werkzeuge gefunden, Limitationen zu überwinden, gerade weil er so etwas wie den Begriff und das System der Biologie erschaffen hat. Zu beobachten, externe Funktionsweisen und interne Gesetze der Natur festzustellen und sie auszunutzen und erstaunlich oft umzuschreiben, ist eine ganz exquisite Fähigkeit. So etwas ist keiner anderen Spezies des Planeten auch nur ansatzweise gelungen.

Soll der eine oder andere Vogel mit Steinen, Stöcken oder anderen Proto-Werkzeugen das Nest verschönern, sollen Pri-

....

1   Menschliches Eigenlob; aber bisher hat auch kein Tier widersprochen.

maten Hunderte Begriffe oder Zeichen zur Kommunikation erlernen, sollen sich Nacktmulle mit Holzspänen eine Art Mundschutz während der Grabarbeiten schaffen oder ein Krake den Marshmallow-Test bestehen[2] – das ist alles nur ein schlechter Witz im Vergleich zur Spezies, die Braunkohlebagger, Atombomben, den Suezkanal, den Reißverschluss, Bratengabeln mit integriertem Thermometer und den Rubikwürfel erschaffen hat. Ja, hack darauf mal herum, Geradschnabelkrähe! Versuch mal, nur eine einzige Seite einfarbig zu bekommen, du Vogel!

Diese Fähigkeit begann mit der Manipulation der Nahrung, die der Homo sapiens benötigt. Als kreativer Allesfresser besorgte er sich so die Energie, die fürs Ausbilden des komplexen Gehirns notwendig war. Mit dieser Fähigkeit setzte sich der Mensch im Laufe der Zeit ans Ende aller Nahrungsketten. Wobei das eventuell zu nobel gedacht ist; Nahrungsketten haben ja einen der natürlichen Ordnung intrin-

....

2   Der Marshmallow-Test besteht daraus, Kindern einen Marshmallow vorzulegen und anzukündigen: »Wenn du diese Süßigkeit in den nächsten 15 Minuten nicht isst, wirst du einen zweiten Marshmallow erhalten.« Eine Langzeitstudie behauptet, dass Kinder, die diese Selbstdisziplin zeigten, später monetär erfolgreicher im Leben wurden als solche, die gleich zur Süßigkeit griffen. Kraken sind nach einem anderen Versuch (natürlich einem anderen Versuch; als hätte jemand aus wissenschaftlichen Zwecken Kraken zwischen Kinder gesetzt!) wohl in der Lage, diesen Test zu bestehen und damit mehr Vorausschau zu zeigen als ein Teil des Homo sapiens.

sischen Sinn. Raubtiere helfen, das Gleichgewicht im Fress-
und Ausscheidungswettkampf von Pflanzen und Tieren zu
erhalten. Der Mensch zerstört es, seit er sich nicht mehr als
Teil der Natur begreift. Er tötet individuell längst nur noch
beiläufig aus Hunger innerhalb der Wildnis, meist aber aus
Rache, Spaß oder einfach, weil Tiere Autos im Weg sind.[3]

Diese einmalige Gabe zur Reflexion seiner Umwelt hat
schon dem Frühmenschen Werkzeuge beschert, mit denen
er sich stärkerer Tiere erwehren und sie zu nahrhaftem Brei
hauen konnte. Womit er auch schon ohne Landwirtschaft die
eigene Umgebung sich anpassen konnte. So wurde die Spezies, erst langsam, dann aber unaufhaltsam zur Gewinnerin
der Konkurrenz ums Leben auf der Erde. Der Rest des Ge-
weses der Savanne, der der Homo sapiens entsprungen ist,
musste sich weiter der Umgebung anpassen. Wie dann auch
alle anderen Arten von Wildnis, in die der Mensch vordrang.
Und die Tierwelt und Pflanzenwelt, die das (bisher) überlebt
hat, muss es bis heute, da der Mensch die Umgebung endgültig rasant, rabiat und restlos nach seinen zumeist kurz-
fristigen Vorstellungen variiert.[4]

....

3   Fast die komplette Werbung für Automobile der Nuller-
     und Zehnerjahre des letzten Menschenjahrtausends – der
     Zeit also, in der der SUV zum Fetisch wurde – bestand
     daraus, Autos durch die Wildnis fahren zu lassen oder
     sture Tiere gefügig zu machen.

4   Das alles ging natürlich nicht ohne Umwege und zum Teil
     sehr eigensinnige Ausschweifungen. Der christlich den-

14

Der Stolz auf diese menschliche Besonderheit führte zu dem narzisstischen Selbstbetrug, den der Mensch später Kultur[5] taufte. Böden, Steine, Höhlenwände bemalte er, Rituale

....

kende Mensch zum Beispiel führte in dem, was er im Nachhinein »Mittelalter« nannte (und womit er womöglich ausnahmsweise mal leider nicht falsch lag), Prozesse gegen Tiere. Unter anderem gegen Aale, Würmer, Ratten und Heuschrecken. In einem Urteil hieß es zum Beispiel: »Im Namen des allmächtigen Gottes und der heiligen Kirche seien die Blutegel von Bern verdammt. Die Justiz wünscht ihnen alles erdenkliche Unheil.« Man kann wirklich viel Schlechtes über die katholische Justiz in diesem Fall eher der »frühen Neuzeit« sagen, aber das Urteil hatte durchaus Bestand. Oder wann haben Sie zum letzten Mal etwas über Berner Blutegel gehört? (In Wahrheit gibt es sie bis heute in Bern nahe gelegenen Seen. Glauben Sie nicht so einfach Ihrem eigenen Halbwissen!)

5   Der Unterschied zwischen Natur und Kultur ist mindestens im Detail ein fragiler. Selbst der zum absoluten Biologisieren verleitende Darwin sah die Weitergabe von Genen und Kultur als irgendwie artverwandt an. Und auch worthistorisch ist dieser vermeintliche Unterschied nicht ohne menschlichen Selbstzweifel: Schließlich nennt ein guter Teil der Menschheit auch das, was die Vermehrung von Bakterien hervorbringt »Kulturen«. Womöglich aus Respekt vor dem Umstand, dass im und auf dem menschlichen Körper sich etwa zehnmal so viele Bakterien befinden wie die etwa 10 Billionen Zellen, die aus der befruchteten Eizelle hervorgehen, also im engeren Sinne menschliche Zellen. Relativ sicher ist aber, dass die menschliche Kultur, die der nicht nur menschlichen Natur so erfolgreich

fand er, in denen er die anderen Tiere nachtanzte. Und wer die Natur abbilden, duplizieren kann, ist schon eine Ebene über ihr – also gar nicht mehr so richtig Teil ihrer. Und wenn die Natur mit all ihren Gefahren und Rücksichtslosigkeiten mal als das andere erscheint, das kontrolliert werden muss – die Reflexionsfähigkeit des Menschen hängt stark an der Kenntnis der eigenen Sterblichkeit –, also wenn die Natur das ist, was den Mensch tötet, muss sie ihm untertan werden. Sich über und außerhalb der Natur zu sehen, die einen umgibt, ist die höchst praktische Utopie aller Religion. Selbst die vermeintlichen »Naturvölker« mit ihren »Naturreligionen« waren Auslöser von Naturkatastrophen (ohne Anführungszeichen), die nicht selten auf die Menschen zurückfielen (weil sie, wenn es darauf ankommt, eben doch Teil dieser einen Natur sind).[6]

Aber diese Katastrophen waren Bestandteil des großen, Hunderttausende Jahre anhaltenden und expandierenden Trial-and-Error-Verfahrens, das der Homo sapiens bis zum bitteren Ende betreibt. Den Tod, den er als Individuum so fürchtet, zu überwinden, ist Antrieb genug, um das Leben (bevorzugt anderer) zu riskieren. Und wer reflektieren kann,

....

zu Leibe gerückt ist, auch eine gigantische Vermehrung der körpereigenen Bakterien verursacht hat. Vielleicht war das ja der ganze Zweck der Kultur des Homo sapiens: Bakterienvermehrung.

6   Man frage etwa die Steinköpfe auf den Osterinseln, wohin es ihre Erbauer:innen verschlagen hat.

kann auch projizieren. Den vermutlich aller Natur innewoh-
nenden Überlebenstrieb kann der Mensch ausschalten, indem er sich einredet, sein Sterben sei zum Nutzen seiner
Nachkommen, seiner Sippe, seiner Truppe, seines Landes
oder welche Gruppe ihm da noch so einfällt.[7] Wer sich zum
höchsten Wesen erklären kann, kann auch jede Handlung als
dem Höheren geschuldet imaginieren. Auch das eine Fähigkeit, die in Religionen, vor allem den erfolgreichsten, ganz
zu sich fand.

Vielleicht ist es aber unbewusste späte Rache, dass der
Mensch die Erde und ihre Geschöpfe nur noch als seinen
Supermarkt sehen kann. Verdammt lange muss der Früh-
mensch gebraucht haben, um schon das Naheliegendste der
natürlichen Umgebung kontrolliert oder zumindest kennengelernt zu haben, bei der Beantwortung der Frage: Was ist
überhaupt essbar?

Wie viele Sapientes müssen komplett unheroisch gestor-

....

7   Selbstverständlich kann der Mensch den Überlebenstrieb
     auch ganz leicht verlieren, wenn er nur das wird, was er
     »depressiv« nennt – aber damit geht sehr selten eine
     direkte, gewollte Schädigung anderer einher. Das poten-
     ziell Tödliche einer Depression ist nicht die Abneigung ge-
     gen das Leben, es ist gerade die Abwesenheit dessen, was
     sich nach Leben anfühlt. Der Depressive will sterben, weil
     er schon gar nicht mehr lebt. Es ist, zugespitzt romantisch
     gedacht, enttäuschte Liebe zum Leben allgemein. Der Sol-
     dat (oder dem Soldatischen Artverwandtes) will sterben,
     weil er das Leben der einen schätzt, das der anderen ver-
     achtet.

ben sein, um festzustellen, was man essen kann und was nicht? Müssen nicht sehr viele nach dem Griff zur falschen Frucht oder Wurzel ins Gras gebissen haben, bis einigermaßen sicher war, was nicht unsicher ist? Woher wusste Eva, dass sie den Apfel, aber nicht die Schlange verspeisen kann? Ein gewisses tierisches Erbe, ein Instinkt aus dem noch nicht ganz so hohen höheren Bewusstsein, wird es gegeben haben, der bei der Nahrungsauswahl geholfen hat. Aber spätestens mit der Kenntnis der eigenen Sterblichkeit und der Betrachtung einer ordentlichen Magenverstimmung eines Sippenmitglieds, müsste doch der eine oder andere frühe Sapiens Zweifel bekommen haben, ob er jetzt *wirklich* in diese unbekannte Frucht, dieses seltsame Tier beißen soll. Kurz: Des Menschen Ursprung sind Zehntausende Generationen »Der Hunger treibt's rein«.

Welch Segen da doch das Feuer gewesen sein muss! Mit der praktischen Erkenntnis, dass fast alles an Nahrung, die man da eine Weile reinhält, nicht ganz so oft üble Folgen zeitigt. Der Mensch mag sich in seinem kultigen Wachstumsfetisch der Natur entwachsen fühlen, sich ihr entfremdet haben, doch dieses Ursprüngliche hat er sich erhalten: Nahrungslappen aller Art mit Begeisterung ins Feuer zu halten.

Kraken mögen den Marshmallow-Test bestehen[8] – aber

....

8 Gerade neu reingekommen: Der Marshmallow-Test ist, wie so vieles Wirtschaftswissenschaftliches, eher Ideologie als Erkenntnis. Eine Gegenuntersuchung zeigt, die »geduldigen« Kinder sind die aus wohlhabenderen Familien stammenden. Sie sind überzeugt, dass immer genug da ist; wo-

auf die Idee kommen, einen auf einen Stock[9] gespießt ins Lagerfeuer zu halten? Sicher nicht.

Und weil er kein Krake ist, verwendet der Mensch noch im frühen 21. Jahrhundert lieber Zeit darauf, neue Varianten der Outdoor-Nahrungsbefeuerung zu finden[10], als auf die Lösun-

....

hingegen es für weniger gut situierte Kinder durchaus logisch und sinnvoll ist, den Marshmallow gleich zu essen – wer weiß, ob abends noch einer übrig ist oder die Eltern ihr Versprechen halten können, morgen neue Marshmallows zu kaufen? Und weil sich Wohlstand vererbt, sind die »geduldigeren« Kinder später tendenziell erfolgreicher als die »ungeduldigen«. Das bedeutet aber wohl auch: Kraken sind allesamt wohlhabend. Wie man auch an den berühmten Finanzkraken sehen kann. Halt ... aber diese sind wiederum eine antisemitische Wahnvorstellung. Eine Wahnvorstellung, die vor allem dazu nutzt, die potenzielle Wut armer Kinder von systemischer Ungerechtigkeit auf ein stereotypes Feindbild zu lenken. Was wiederum bedeutet, dass ... dass ... es Kraken vielleicht insgesamt leichter fällt, mit ihren neun Gehirnen klar zu denken, als dem Sapiens mit seinem einen zugemüllten? Zumindest bis zu dem Punkt, an dem es um Fressen und Gefressenwerden geht.

9   So nebenbei: Wann wird aus einem Ast oder Zweig ein Stock? Muss da Bearbeitung stattfinden oder genügt Abfallen und Rumliegen? Vermutlich das zweite, oder? Wie arrogant eigentlich, alles, was ein Baum nicht bei sich behalten kann, gleich zum menschlichen Werkzeug zu erklären.

10 Es gibt Grills der Firma »Weber«, die einem per angeschlossener Smartphone-App mitteilen, wann man das Steak wenden soll.

gen der Probleme, die die immer größeren Feuer verursachen, mit denen alles Menschliche betrieben wird. Nicht zuletzt für seine unendlich dumm gewordenen Nahrungsrituale. Uralte Wälder wegzubrennen, damit Soja wachsen kann, den man wiederum mit gigantischen Mengen Kraftstoff aus verwesten Urzeit-Echsen über die Meere schippert und über Straßen schleppt, damit eingepferchte und gequälte Tiere ihn fressen, bis sie schmerzhaft fett geworden sind, um sie dann erst lebendig und später in Leichenteilen abermals über ganze Kontinente auf bewegten Brennöfen zu transportierten, damit am Ende eine Gruppe Arschgeigen im Park einen kleinen Teil des Tieres[11] auf einen »Einmal-Grill« über verkohlte Baumreste legen und Bier drüberkippen kann – da ist eine Spezies schon ein wenig ins Extrem gegangen mit dem Konzept »Nahrung plus Feuer gleich gut«.

Aus einem kurzzeitigen Segen einen lang anhaltenden Fluch zu machen ist also eine wesentliche humane Tradition in Sachen Nahrung. Zehntausende Jahre musste der Homo sapiens essen, was die Nachbarschaft hergab: saisonales Obst, Gemüse, Nüsse, das gerade jagbare Tier. Bis er auf die Idee kam, sich mit Ackerbau ein einigermaßen selbstbestimmtes Menü zu schaffen. Und was dabei rauskam: jede

....

11   Circa 350 Millionen Kilogramm Fleisch landen allein in Deutschland jährlich im Müll. Das sind die Leben von ungefähr 45 Millionen Hühnern, vier Millionen Schweinen und 200000 Rindern. Wobei das Zahlen aus den frühen 2010ern sind. Die Erfahrung lässt vermuten: Es wird nicht weniger geworden sein.

Menge Weizenschleim. Und wenn man den wiederum ins Feuer hält: Brot. Das brachte zwar mehr Nahrung und Energie für mehr Menschen auf engem Raum, aber auch ein Menü, das krank werden ließ, weil die Vitamine der vorher zwangsweise abwechslungsreicheren Nahrung der wandernden Sippen vermutlich eher der Immunabwehr des menschlichen Körpers zuträglich sind als tägliche Teigklumpen. Außerdem übertragen sich Infektionen gleich viel leichter, wenn eine Spezies in Massen eng zusammenhockt und nicht in Kleingruppen umherwandert.

Doch der Natur geht die Quantität einer Spezies über die Qualität des Lebens eines Individuums (und die menschliche Kultur hat verdammt lange gebraucht, dieses amoralische Prinzip per Erfindung von Moral theoretisch zu beseitigen[12]). Und da die Produktion von angebranntem Weizenschleim das ganze Jahr über viel Arbeit benötigt, blieb der Mensch lieber kränkelnd bei seinen Äckern. Machte so aus Bauernsiedlungen Dörfer, aus Dörfern Städte, aus Städten Reiche, aus Reichen Länder und am Ende per Schiff, Automobil und Flugzeug aus der Welt ein Dorf. Und weil der Mensch trotz seiner irgendwie exponentiellen Ausbreitung sich gar nicht so sehr verändert hat und er gerne Schleifchen um Lebensläufe bindet: Was tat er dann in einer Pandemie, die ihn[13] quasi zu einer neuen Sesshaftigkeit zwang? Sauer-

....

12   In der Praxis dagegen – na ja.

13   Also natürlich nur den reicheren Teil der Menschen. Diejenigen, die sich dem Virus eher entziehen konnten, weil

teigbrot backen, Weizennudeln hamstern und eine Art Begeisterung für Porridge entwickeln.

Die Geschichte menschlicher Nahrung auf Weizen zu reduzieren ist natürlich eurozentrisch. In anderen Regionen des Planeten machten die Menschen, die es von Afrika aus verschlungen und mühevoll dorthin verschlagen hatte, andere Pflanzen zu Nutzpflanzen und Hauptnahrungsmitteln. Im Nachhinein betrachtet aber nur, damit Jahrtausende später Europäer diese als »Super-Food« importieren konnten, um sich immer mal wieder kurz ihre dekadente kulinarische Langeweile zu vertreiben.[14]

So oder so wurden nach der ackergebundenen Sesshaftigkeit Nahrung und die Rituale ihrer Zubereitung langsam aber sicher zu Kampfmitteln regionaler Distinktion. Abgesehen von Sprache und evtl. Kleidung: Wie lässt sich eine Gruppe leichter zusammenhalten als über Nahrungsvorlieben? Man muss nur einen älteren Deutschen außerhalb seines Landes über die Qualität des ausländischen Brotes befragen, um den Zusammenhang von Ernährung und Nationaldenken zu erkennen. Doch auch ohne Weizenschleim-Chauvinismus fungiert Nahrung als Gruppenkitt: Wildfremde Menschen können über die Wahl von Automatensüßigkeiten ihrer Jugend zusammenfinden oder Twitter-Kriege über Risotto, Rosenkohl oder Kartoffelsalat-Ingredienzien aus-

....

sie nur bedingt oder gar nicht auf Präsenz während der existenzsichernden Arbeit angewiesen waren.

14   Das stimmt nicht. Also der erste Teil des Satzes.

rufen. Und ganze Nationen können mindestens in verbale Schlachten darüber verfallen, in welcher Form welches durch den Fleischwolf gedrehte tote Tier gegrillt werden sollte; man biete etwa überzeugten Türken Souvlaki und richtigen Griechen Köfte an – oder beiden eine Frikadelle.[15]

Noch besser aber funktionierte das Nahrungstabu. Spätestens als der eine Gott mit seinen vielen Religionen ankam: Die einen bitte keine Krustentiere, die anderen auch kein Schwein, und bei den dritten gibt es freitags nur Fisch! Die Kombination aus Religion und Nahrung stellte sich als hervorragender Anlass zu Hass, Folter und zähem Krieg heraus. Im weizennärrischen Europa zum Beispiel genügte die Frage, ob und wie viel Gott in einem feuergehärteten Weizenkeks steckt, nachdem eine Weile von religiösem Fachpersonal auf den Keks eingeredet worden war, um jahrhundertelang einander zu morden.[16]

....

15 Alles Vorurteile eines alten weißen Mannes.

16 Ein bisschen schade ist es schon, dass die Welt zumindest so säkularisiert ist, dass sie andere Gründe als Hostien für Krieg benötigt. Was hätte ein ordentlicher Protestant mit dieser Meldung aus der »Augsburger Allgemeinen« anstellen können: »Der Leib Christi muss Gluten enthalten. Ein Problem für katholische Allergiker? ... Wie das Bistum Augsburg bestätigt, hat die Kongregation für den Gottesdienst und die Sakramentenordnung einen entsprechenden Rundbrief an alle Bischöfe geschickt. Darin habe die Behörde des Vatikans ›lediglich an geltende Bestimmungen erinnert‹, erklärt das Bistum. Dem Vatikan ging es

Doch benötigt kulinarischer Regionalismus (und damit stets auch Chauvinismus) keine Religion. Er ist sogar eine Kulturleistung, die der Mensch bis in seine Natur biologisch festschreiben kann. Wovor es den einzelnen Sapiens ekelt, zum Teil bis zum Übergeben, hängt stark von der Herkunft und damit der Nahrungsprägung in der Kindheit ab. Und die Nahrung der Region entspringt nicht selten dem lang anhaltenden notwendig radikalen Versuch des Menschen, alles essbar zu machen. Fermentierter Hai in seiner extremen Fischig- und Salzigkeit dürfte außerhalb Islands einige Überwindung zum Genießen benötigen – aber auf Island wuchsen nun mal nie Ananas oder wenigstens Haribo Tropifrutti. Und auch sonst sehr wenig. Und wem, aus Deutschland betrachtet, bestimmte, sagen wir: koreanische Gerichte eklig vorkommen (roher, marshmallowfreier Krake zum Beispiel) sollte nicht vergessen, dass er aus einem Land stammt, in dem regelmäßig Schweinefüße verzehrt werden.

Womit wir endlich vom frühen Menschen bis zum späten Deutschen gekommen wären. Und dem Einzigen, was dieses Land der Gesamtgeschichte der Spezies einigermaßen einwandfrei hinzufügen konnte (und dem Schweinefuß!). Ge-

....

darum, sicherzustellen, dass Pfarreien Hostien und Wein für die Kommunion nicht ungeprüft im Internet oder in Supermärkten kaufen. Der Charakter des Brotes müsse gewahrt bleiben. Glutenfreie Hostien ohne Weizen seien ›ungültige Materie‹.« Leidenschaftsarme Zeiten sind diese letzten Tage der Menschheit: Gott steckt im Gluten – und niemand stirbt dafür.

meint sind nicht seine circa 4328 Varianten Brot[17], sondern: Sauerkraut!

Falls es noch nicht bekannt ist: Deutschland war ein menschheitshistorischer Fehler. Im Vergleich zu den anderen imperialistischen europäischen Nationen mit Hang zum Massenmord zu spät geformt, war es allzu eifrig darin, beim Morden aufzuholen und zu überholen. Also richtete es gleich im Gründungskrieg gegen Frankreich erstmals schwere Artillerie gegen Menschen[18], um in der Folge so ziemlich jedes Kriegsverbrechen, das sich industriell begehen lässt – Einsatz von Giftgas, Flammenwerfern, Raketenangriffe auf zivile Ziele und so weiter –, als Erstes zu begehen und obendrein zwei Weltkriege, einige Kolonialverbrechen und die einzige industriell betriebene Menschenvernichtung der Historie in erstaunlicher Konsequenz und Effizienz zu begehen.

Wenig Gutes steht dem gegenüber, ein paar Dichter und

....

17   Und sei es nur, weil er das Brot mittlerweile zur Gänze industriell herstellen lässt. Oder weil er sich nicht zu schade ist, obszön viel Geld auszugeben, wenn sein gebackener Mehlschleim aus Kettenläden mit Namen wie »Zeit für Brot« stammt.

18   Mehr als 400 Krupp-Geschütze richtete die deutsche Armee 1870 bei Sedan auf eingekesselte französische Soldaten, feuerte rund 20 000 Sprenggranaten und schoss dann etwas konventioneller auf die Flüchtenden. Der per Fernrohr die Schlacht beobachtende Kronprinz Friedrich Wilhelm fand das »widerlich-peinlich«.

Denker, die aber vor allem dann gut waren, wenn sie gegen ihr Land gedichtet und gedacht haben. Aber auch der meist genannte und kulturell vermeißelteste, der alte, mehr als solide Reimfetischist Johann Wolfgang von Goethe, löste gleich mit seinem ersten Roman, dem ersten deutschen überhaupt, eine Selbstmordwelle aus. Weil ohne eine gewisse Menge Leiden und Leichen nichts Großes deutsch ist; und umgekehrt.

Einen weiteren Vorzug haben die Deutschen noch: Man kann (mittlerweile) gut über sie lachen. Das kam so: Am 8. Mai 1945 wurden die Deutschen nicht, wie sie selbst behaupten, befreit – von wem auch, der nicht zu ihnen gehört hätte? –, sondern die Deutschen wurden nach langem, zähem Kampf gezwungen, ihre Lebensgeschichten umzulügen. Plötzlich hatte es an der Ostfront so viele Köche gegeben, dass das Welthungerproblem auf einen Schlag gelöst gewesen wäre. Und wissen hatte man sowieso nichts können, und wenn man doch nachgewiesen bekam, dass man wusste, was offensichtlich war, behauptete man, man wäre als quasi Widerständiger sonst selbst dran gewesen.

Aus Tätern und Mitläufern wurden potenzielle Opfer. Und weil sie beim Lügen recht brav sich in die neuen Verhältnisse einfügten, mussten die Deutschen nur einen lächerlichen Preis für ihre historisch exzeptionellen Verbrechen zahlen. Längst sind sie selbst darauf stolz, wie toll sie das – im Vergleich zu anderen Nationen, die ja auch schlimme, vielleicht noch schlimmere Sachen angestellt haben – »bewältigt« haben. Sie sind ein Vorbild unter den Nationen. »Germans – you can't stay mad at 'em«, wie es Homer Simpson mal bierschwenkend auf einem Oktoberfest zusammenfasst, »Deutsche – man kann ihnen einfach nicht lange böse sein.«[19]

....

19   Das ist lustig, weil die Fallhöhe von Verbrechen gegen die Menschheit zu schunkelnder Bierseligkeit so hoch ist. Das ist lustig, weil es eigentlich so traurig wie ungerecht ist. Das gehört zu dem wenigen Guten, was die Deutschen seit den Verheerungen ausgelöst haben: Witze über sie. Auch die von Leuten, die Deutschland nie kennengelernt haben und doch mehr über Deutsche wissen als die Deutschen selbst: »There is one country that worries me – not Iraq, not Iran, not North Korea. The only country that really worries me is the country of Germany.« Nur vor Deutschland hat der kanadisch-amerikanische Komiker Norm McDonald Angst, denn: »I don't know if you guys are history buffs or not. In the early part of the previous century, Germans decided to go to war. And who did they go to war with? The world. That'd never been tried before. So you figure that would take about five seconds for the world to win, but no, it was actually close.« Einmal haben sie einen Weltkrieg verloren, aber kein Grund aufzuhören! »Then about 30 years past, and Germany decides again to go to war, and again, it chooses as its enemy, the world ... you think at that point the world would go, listen Germany, here's the deal, you don't get to be a country no more, on account of you keep attacking the world. Who do you think you are? Mars?« Eines kann man also den Deutschen nicht nachsagen: dass sie in dem historischen Furz ihrer Existenz sich nicht alle Mühe gegeben hätten, Verwesungsgestank zu verbreiten. Doch trotzdem existiert diese Nation, dieses Volk oder welche Begriffe für diesen menschheitsgeschichtlich gesehen ziemlich misslungenen Kulturraum noch so gebräuchlich sind, weiter und weiter. Norm McDonalds Ausführungen

Und sei es, weil sie eines richtig gut gemacht, ja ihm sogar zu Weltruhm verholfen haben: Kraut. Kraut in seiner ganzen Herrlichkeit. Ob als Krautsalat oder aber vor allem als Sauerkraut: Deutsches Kraut ist ein Segen! Nahr- wie schmackhaft rettet es vor Mängeln aller Art. Es ist so unzerstörbar wie der deutsche Wunsch, am eigenen Wesen die Welt genesen zu lassen. Nur, dass hier einmal das Potenzial vorhanden ist, ohne die Herabwürdigung und Tötung anderer zu einer Genesung beizutragen.

Es ist eben kein Hohn, wenn der Brite, der sich trotz zeitweiliger Weltherrschaft keine akzeptable Cuisine zusammenrauben konnte, wenn der Amerikaner, der sich trotz Weltherrschaft nur eine Kitschvariante von Küchen aller Welt erschaffen konnte[20], den Deutschen »Kraut« nennt; es ist

....

zirkulierten unter amerikanischen Komikern als beneidete komische Großtat. Dabei ist es nur witzig, weil es wahr ist. Genauso wie die deutsche Spielshow »Stackenblocken« nie unlustig wird, die einst in Conan O'Briens Late-Night-Show zu sehen war: Eine Kandidatin muss Gegenstände auf einem Tisch exakt rechtwinklig arrangieren – es gelingt ihr bei einem nicht, es erscheint ein Uniformierter samt Schäferhund, prüft per Lineal nach und prügelt die Verliererin nieder. Es bleibt auch lustig, wenn im South-Park-Film die Kinder auf einen »german scheiße movie« stoßen und ausrufen: »What is wrong with german people?«

20 Das sind natürlich unverschämte Zuspitzungen. In beiden Ländern gibt es ganz hervorragende Gerichte. Aber kein Lob deutschen Essens ohne Chauvinismus. So viel Deutschland muss sein.

Anerkennung dafür, dass hier in einer großen Tristesse des ewig herbstlichen Mampfens etwas wirklich Großartiges kultiviert wurde.

Natürlich ist das Sauerkraut keine rein deutsche Erfindung, dafür ist es zu gut und rechtschaffen. Und doch gebührt dem Volk der Richter und Henker der wesentliche Dank für diese Herrlichkeit. Selbst die Sprache rund um das Kraut ist eine Freude. Das Storzmesser, der Krauthobel, die Salzlake, der Krautstampfer – alles Begriffe von Kraft und Eleganz, die nicht-deutsche Ohren aufhorchen lassen, weil sie klingen, wie Deutsch nun mal klingt: knackig, säuerlich, aber im Abgang rund und zuweilen fast schon süß. So wie Sauerkraut eben.

Sauerkraut ist, wie alles Gute, das der Mensch geschaffen hat, in sich schlüssig. Es ist einfach und wird doch ganz leicht Teil einer umfassenden Erfahrung. Will man alle Geschmäcker der Sapienszunge ohne größeren Aufwand harmonisch verspüren, so brate man Schupfnudeln mit Sauerkraut und Äpfeln an und füge ein wenig Chilipulver hinzu. Jahrtausende menschlichen Schmeckens zusammengekommen in einem Schnellgericht, zusammengehalten von durch Milchsäuregärung konserviertem Weiß- oder Spitzkohl.

Ja, Sauerkraut mag vielleicht anzulasten sein, dass es die Eroberung der Weltmeere erleichtert und damit den Imperialismus befeuert hat, indem es die Seefahrer vom Skorbut befreite, aber aus dem gleichen Grund wird es noch Wert haben, wenn auf dem Planet der Todeszonen die Zivilisationsreste um Nahrung kämpfen werden oder in ihren unterirdischen Bunkern Vitamin C benötigen.

Dafür vorab schon ein herzliches: Dankeschön, Sauerkraut!

Platz 9

Um die Geschichte der menschlichen Mobilität zu erzählen und zu erfahren, was in ihr die Errungenschaft war, muss man ein wenig ausholen.

Der Komiker Jerry Seinfeld hat das Wesen des Sapiens mal ungefähr so zusammengefasst: Der Mensch erfindet eine Aktivität wie das Motorradfahren, stellt fest, dass man sich dabei sehr leicht den Kopf unwiederbringlich demolieren kann, und statt mit einer derart gefährlichen Tätigkeit aufzuhören, erfindet er lieber noch den Motorradhelm – auf dass er im Falle eines Falles statt tot nur noch schwer verletzt zurückbleibt. Aber vor allem: damit er weitermachen kann.

Mal abgesehen davon, dass das Beschriebene hauptsächlich Mannsein ist[21], trifft diese Beschreibung wohl ganz gut, was die humane Spezies für noch die kräftigsten Formen anderen Lebens so bedrohlich macht: die Rücksichtslosigkeit auch gegen sich selbst bei allem, was eine Expansion erlaubt. Noch vor der Industrialisierung, noch vor der Sesshaftigkeit hat der Mensch, nur bewaffnet mit Stock, Stein und Feuer, ganze Spezies ausgerottet, halbe Kontinente entwaldet und, wenn auf Inseln gefangen, sich selbst die Lebensgrundlage genommen, weil er sich nicht stoppen

....

21   Weil Menschsein fast immer identisch mit Mannseinsollen war und ist.

30

konnte in dem, was er marktwirtschaftlich längst Wachstum nennt.

Die allermeiste Zeit musste sich der Sapiens aber beim Fortkommen mit den Kräften der Natur arrangieren. Mochte er noch so sehr die Umwelt[22] kurzfristig zu seinen Gunsten modellieren (und langfristig zu seinen Ungunsten), sich unabhängig von Wind und Tier aus seinem jeweiligen Geburtsort zu bewegen, das gelang dem Menschen erst sehr spät. Und selbst die Bewegung per Wind, also die Schiffsreise, war bis zum Sauerkraut auch ohne irgendwelche Zwischenfälle eine zehrende Angelegenheit. Ohne Skorbut über einen Ozean zu kommen, das schaffte der Mensch, gemessen an den Hunderttausenden Jahren seiner Existenz, erst in letzter Minute, die Fahrt weiter Strecken nur aus der Kraft, die das Fahrzeug hervorbringt, erst in letzter Sekunde.

Aber dann! Dann gab der Mensch im Wasser, in der Luft und zu Lande Gas, dass der Planet ächzte und krachte. Einmal auf die Idee gekommen, den guten alten Freund Feuer in

....

22 Welch egomaner, sich selbst aus der Rechnung nehmender Begriff »Umwelt« doch ist. In ihm liegt schon das gesamte Scheitern der Menschheit in Sachen Koexistenz mit dem biologischen System, dem er entstammt. Es ist einfach die Welt, zu der auch der Sapiens gehört, aber mit zwei weiteren Buchstaben – »um« – wird sie zum anderen, das einfach da ist, aber vermeintlich keine andere Interaktion benötigt, als ihr etwas zu entnehmen. Wer eine Umwelt hat, kann auch problemlos Fleischwurst fressen, ohne sich je genauere Gedanken über deren Entstehung zu machen.

einen Zylinder mit Kolben zu packen (zuerst über den Umweg Wasserdampf), konnte der Sapiens nicht mehr stillstehen. Und welch phantastische Errungenschaft das war! Welche Freiheit, über den Planeten zu dampfen und Orte zu sehen, von denen einen zuvor nur halbgare Geschichten erreichten: Was ist ein Marco Polo gegen einen VW Polo!

Zuerst ging das zwar meist nur in unangenehm großen Gruppen. Wobei sich von Anfang an die Regel ergab: Je finanziell reicher der Sapiens, desto weniger unangenehm seine Reise.[23] Dank der kurz zuvor mit der Französischen Revolution etablierten Herrschaft des Bürgertums bekam die naturunabhängige Fortbewegung des Menschen ein Klassensystem, von dem die neue Herrschaft schnell so tat, als gäbe es dieses gesamtgesellschaftlich gar nicht. Mit dem Zeitalter des Herumdampfens war der Mensch entweder erstklassig, zweitklassig oder Holz. Und zum Ende hin hat die maßlos expandierende Spezies es immerhin hinbekommen, für manche Holz- und zweite Klasse zusammenzulegen.

In der kollektiven Freiheit des Umherfahrens erfanden

....

23 Wie angenehm die Reisegesellschaft wiederum war, das hing und hängt sehr vom persönlichen Geschmack ab. In der künstlerischen Retrospektive scheinen die Sympathien auf Seiten der Ärmsten zu liegen – welche:r der geschätzt Milliarden der Zuschauer:innen des »Titanic«-Films von James Cameron säße lieber bei den Snobs, als unter Deck zu tanzen? –, aber in der Zeit selbst? In jeder Zeit des Reisens? Da reiste es sich schon stets besser first class.

dann aber Deutsche[24] ein noch besseres Vehikel, das der individuellen Freiheit des Umherfahrens: das Automobil. Eine vollkommen wahnwitzige Idee: Kutschen, die permanent mit brennbarem Material gefüllt sind und in denen eine Explosion die nächste jagt, damit so zu beschleunigen, dass sie bei Zusammenstößen Menschen zermalmen (auch die Insassen). Und damit das permanent und weltweit funktioniert, wurde es notwendig, immer mehr Löcher in die Erde zu bohren, um die Pampe verwester Saurier und anderer Frühzeittiere hervorzuholen und zu raffinieren, auf dass sie gut brennbar wird, und sie dann mit Schiffen, Pumpen, Lastern und Rohren noch ins letzte Eck des Planeten zu bringen. Damit es für die Explosionskutschen überall Wannen voller Brennstoff gibt. Und weil das noch nicht genug Feuer war, waren die Autos lange Zeit auch noch mit Zigarettenanzündern, also kleinen elektrischen Grillplatten, ausgestattet.[25]

Aber immerhin brachte der ganze irre Aufwand etwas: erst mal erstaunlich viel individuelle Bewegungsfreiheit. Das Automobil befreite den Menschen besser als jedes andere Fortbewegungsmittel aus den Zwängen der weizengetriebenen Sesshaftigkeit. Und das auch über soziale und kulturelle

....

24 Zwei Errungenschaften bisher und beide deutsch? Problematisch.

25 Dass das Zeitalter des fulminanten Sieges der Verbrenner auch das Zeitalter der Zigaretten-Massensucht war, ist auch so eine historische Plumpheit, für die sich der Sapiens eigentlich ein wenig schämen müsste.

Grenzen hinweg. Wieviel man auch übers Autos klagen kann, es hat immerhin jede Menge junge Menschen aus dem Jahrtausende tradierten und gepflegten Elend der Bauerndörfer befreit. Leider nur für einen menschheitshistorisch winzigen Zeitraum: 50 Jahre oder so. Dann war leider alles voll mit Autos. Zu Ungunsten jeglicher Freiheit.

War in der allermeisten Zeit der Jahrtausende des menschlichen Fortkommens seit der Sesshaftigkeit die Orientierungslosigkeit das beherrschende Element auf allen Wegen[26], fügten die flinken Dampfmaschinen die Eile hinzu. Häfen, Bahnhöfe und Flughäfen sind Orte, an denen Massen von Eiligen auf Massen an Orientierungslosen treffen. Kessel der Wut, Inkubatoren der Aggression, in denen nur bei beeindruckender Beschilderung halbwegs alle unbeschadet zum Ziel finden. Zu den mächtigsten Leistungen des Automobils gehört, genau das demokratisiert und globalisiert zu haben. In den letzten Sekunden der Menschheit rast der Mensch entweder über die alles beherrschenden Straßen seiner Zivilisation oder kurvt orientierungslos auf ihnen umher.[27] Oder alle stehen gemeinsam im Stau. Und alles gebiert

....

26 Das machte Kolumbus zu so einer guten Identifikationsfigur für den von Eroberung besessenen weißen Nord-Sapiens: nicht genau wissen wohin, dann aber ermöglichen, dass ein ganzer Kontinent unter die eigene Herrschaft fällt. Ziel auch ohne Navi erreicht.

27 Die Erfindung des Navigationsgerätes hat daran nur wenig verändert, weil der Abgleich zwischen Maschinenempfeh-

immer mehr Stress[28] und Aggression, die im kleinen hermetischen Reich des eigenen Wagens nicht gehemmt wird. Aber Aufhören mit der Autofahrerei, das geht natürlich trotzdem nicht.

Das Automobil wurde die allgegenwärtige, selbstverständlich gewordene Ausprägung der Kraft des Kapitalismus.[29] Selbst für Individuen, die keines je besitzen werden. Wenn das Auto auch nur herumsteht, herrscht es über den Raum, pflanzt Begierden und schafft Machtphantasien, entfremdet

....

lung und Realität immer noch nicht ansatzweise der routinierten Raserei der Ortskundigen hinterherkommt.

28 Laut einer Studie erzeugt der automobile Berufsverkehr ungefähr den Stress einer Prüfungssituation. Jeden Tag. Zweimal.

29 Wobei nicht verschwiegen sein soll, dass das Automobil nicht wirtschaftlich hätte produziert und etabliert werden können ohne Zwangsarbeit und andere Brutalitäten. Zumindest in Deutschland. Ein Blick in die Geschichte zum Beispiel des Konzerns Volkswagen verrät: Es gab praktisch keinen Zeitpunkt, an dem diese Firma nicht auf Zwangsarbeit zurückgriff. Zu Beginn erbat sich Gründer Ferdinand Porsche vom Naziregime ein eigenes Arbeitslager auf dem Gelände; einem Gelände, das in einer eigens für seinen Konzern geschaffenen Stadt lag. Danach produzierte VW Autos unter anderem mit Hilfe einer brutalen brasilianischen Militär-Junta, im Südafrika der Apartheid und zuletzt in einem Werk in China, das umgeben von Arbeitslagern für die Bevölkerungsgruppe der Uiguren ist.

von der Natur, verdrängt die Schwachen. Fährt es, ist es die Pervertierung der menschlichen Lunge, verwandelt rabiat und unwiederbringlich Sauerstoff in tödlichen Atem. Allein deswegen wird sich der wahre Autobesitzer niemals mit einem automobilen Elektrogefährt anfreunden können, wird man doch darin zum Passagier in einem artfremden Roboter statt gemeinsam zu einem Cyborg. Das Auto war schon immer ein Transformer; ein herzloses Gerät, das zu lieben leicht fällt, weil es den Menschen zum Übermenschen macht.

Die Marktzivilisation wäre ohne die Verbrennung unmöglich gewesen. Das Auto ist der hochbegabte, hyperaktive Enkel der Dampfmaschine. Es ist Vorbild und Preis zugleich. Will man in dieser Gesellschaft etwas werden, muss man es ihm gleichtun, das Feuer in sich kontrollieren und in Fortbewegung übertragen. Das Auto ist die räumliche Entsprechung dessen, was der zum Marktteilnehmer erzogene Mensch mit seiner Lebenszeit anzufangen hat: immer unterwegs sein, niemals ankommen, schneller, größer, furchteinflößender werden. Die Sprache der Arbeitskraftverwertung weiß es: Man muss für seinen Job brennen, immer Gas geben – aber wehe, es kommt zum Burnout.

Der Autoverkehr ist auch die Lehranstalt des Kapitalismus. Autoverkehr ist ein Gemeinwesen, das auf Regeln basiert, von denen jeder weiß, das man sie brechen und überschreiten muss, um wirklich voranzukommen. Wer sich konsequent an die Regeln hält, ist ein Fremdkörper, bremst alle anderen. Und verdient Spott, Drängelei und Aggression. Denn diese Verlierer, die niemals auf dem Chefsessel über die Überholspur jagen werden, müssen abgehängt werden. Wer aber egoistisch, sich und die wenigen in seiner Nähe in

Gefahr bringend, das Wohlergehen anderer nicht schont, ist Sieger. Wer bremst, verliert. Und es ist nur konsequent, dass der spätkapitalistische Autofahrer die Rettungsgasse gern als Chance für sich begreift.

Weil das Auto von Anfang an eine eigentlich törichte Idee war, aber die Faszination der Kraft, über die das Individuum im Automobil herrscht, so groß ist, wurde das Auto exzessiv sicherer gemacht: Gurte, Airbags, ABS, Knautschzone, Panzerumfang – Seinfeld'sche Motorradhelme, die zum Ende hin dafür sorgten, dass die Insassen der Autos relativ sicher waren, während alle anderen Verkehrsteilnehmer, die unfreiwillig mit ihnen in Kontakt gerieten, ihre tödliche Kraft wuchtiger denn je zu spüren bekamen.

Somit ist das Auto auch ein Symbol des menschlichen Umgangs mit Ressourcen und ihrer Verarbeitung und exzessiven Ausbreitung gegen manche Vernunft insgesamt: Immer neue Gifte hat der Sapiens entdeckt, gemischt, verteilt und dann – welch verräterisches Wort! – entsorgt. Denn nur ohne Sorgen konnte es weitergehen mit der Herrschaft über die Natur. Doch wenn die nicht mehr aufnehmen konnte vom Abfall der Zivilisation und ihn für den Menschen gefährlich zurückgab, hörte er nicht auf, sondern griff ungebrochenen Tatendranges zum universellen Motorradhelm: dem Grenzwert.

Ohne den Grenzwert hätte es keine Industrialisierung, keinen Kapitalismus gegeben. Denn die rasante Ausbreitung von Technik und der Gifte, die jegliche Industrie zurücklässt, konnte in dieser Rasanz und Brillanz nur die unsichtbare Hand des Marktes hervorzaubern. Der Sieg des Bürgertums, der der Kapitalismus auch war, war nicht ohne gewisse Freiheiten zu haben. Dazu gehört auch eine Freiheit der Presse, die obwohl selbst Teil des Marktes und allzu oft käuflich auch außerhalb der Werbeseiten, trotzdem eine menschheitshistorisch einmalige Transparenz und Kritik des Herrschenden zugelassen hat. Nicht zuletzt wegen dieser Öffentlichkeit waren Industrie und Politik gezwungen, dort wo das Giftige der Produktion offensichtlich war, Zahlen zu finden, die suggerierten »bis hierhin ist alles noch okay«. Und das nicht zuletzt aus einem ausgesprochen kapitalistischen Streben: denjenigen, die die Produkte erwerben sollen, keinen Grund zu liefern, das nicht zu tun.[30]

Die ganze moderne Zivilisation ist ein Auffangnetz aus Grenzwerten, die ständige Einhegung zum Teil unvorstellbarer Gefahren. Bis in den menschlichen Körper hinein wurden Grenzen gesteckt, die Sicherheit suggerieren. Der Mensch

....

30   Zum Ausgleich ein bisschen Kommunismuskritik: Die Sowjetunion dagegen, die angetreten war, alles Schlechte des Bürgerlichen hinwegzufegen, scherte sich mit ihrer Herrschaft der Zensur wenig darum. Sie, die überhaupt und sowieso als ein großes Unternehmen auf dem Weltmarkt auftrat, handelte so, wie kapitalistische Industrien zu Beginn der Industrialisierung: rücksichtslos gegen Mensch und Natur. So entstanden komplett wahnsinnige Orte wie zum Beispiel Magnitogorsk: eine Stadt, erzwungen in einem Stalin'schen Fünfjahresplan zur Verarbeitung nahe gelegener Eisenerzvorkommen, über die man bei Wikipedia nachlesen kann, dass sich heute noch dort »lediglich 1 Prozent aller Kinder in einem guten gesundheitlichen Zustand« befinden.

nimmt sich Blut, untersucht und misst und schreibt Zahlen neben Grenzwerte, um sich zu vergewissern, dass er so schnell noch nicht sterben wird und also noch weiter ohne Rücksicht leben kann. »Der Leberwert ist in Ordnung? Noch ein Bier, Herr Ober! Oder besser zwei.«

Grenzwerte sind die perfekte Absolution, rational und beruhigend in ihrem Erscheinen, aber letztlich dazu da, gebrochen zu werden. Eher Orientierung, Utopie als Regel. Alle wissen das. Menschen, die sich im Straßenverkehr an Tempolimits halten, sind dem Kollektiv suspekt und werden dafür beschimpft. Denn das kleine bisschen mehr wird nicht so schlimm sein. Was wiederum für jeden einzelnen Grenzwert gilt. Weswegen Grenzwerte auch stets nur isoliert betrachtet werden, möglichst nicht in Kombination gesetzt, weil dann auffallen würde, dass sie zu nichts anderem nutzen als zur Illusion von Schutz – des Menschen und seiner »Umwelt«.

Ohne die nur scheinbare Mäßigung durch Grenzwerte hätte der Mensch es nicht bis dahin geschafft, wo er jetzt ist – und ganz gewiss kein Automobil mit Verbrennungsmotor zugelassen.[31] Ohne Grenzwerte hätte der Mensch sich die Sorgen machen müssen, die ihn allzu sehr gebremst hätten. Und das ist eine Leistung, die zu missachten oder zu belächeln durchaus schwerfällt. Denn so schade es ist, dass die

....

31   Das Auto überschreitet ständig Grenzwerte. Autos sind zu laut, zu schnell und verursachen Unmengen an tödlichem Feinstaub.

Grenzwerte nicht den Abgang der Spezies aufhalten können, ermöglichten sie jede Menge Spektakel, das man ungern verpasst hätte: ohne die Hybris der Grenzwerte keine einstürzenden Gebäude, unkontrollierbar werdende Maschinen, keine atomaren Explosionen, keine Klimakatastrophe.

Ja, das ganz große Finale des Sapiens, das lächerliche wie schamlose, alle Widersprüche ausstellende Spiel um ein angebliches CO_2-Budget, das noch aufbrauchen zu können sich die Menschheit einredet[32] (was sich von der Leugnung praktisch nicht unterscheidet), ist eine einzige Verneigung vor dem Grenzwert als Entsorgung.[33]

Wobei es von Deutschland aus betrachtet in Wirklichkeit nur um eines geht: weiter Automobile fahren zu dürfen. Wenn die Deutschen, und nicht nur sie, in den Meeren und unter der Erde leben werden, weil die Oberfläche unbewohnbar geworden ist, werden sie es noch als kapitalistische Markt- und Klassengesellschaft tun, und man möchte wetten, dass die Wasser- und Höhlenmenschen auch dann immer noch in Varianten des Automobils mit Verbren-

....

32 Genauer gesagt: Staaten, die allesamt zugunsten ihrer »Wirtschaft« hoch verschuldet sind. Und somit vielleicht die letzten, denen man ein Budget anvertrauen sollte.

33 Ähnliches ließe sich über die Funktion von Inzidenzen und dergleichen in der Pandemie sagen: Sie sind dazu da anzuzeigen, wie weit man gehen (also wie viel gestorben werden kann), ohne dass zu große Beeinträchtigungen des Produktionsbetriebs nötig werden.

nungsmotor unterwegs sein werden. Weit über 60 Millionen dieser Maschinen waren Anfang der 2020er in Deutschland zugelassen, fuhren durch ein Land von etwas mehr als 80 Millionen Menschen[34] bzw. standen herum.[35] Eine erschreckend ineffiziente Nutzung von Technik, Raum und Zeit. Und das obwohl Deutschland als das Land der Effizienz gilt.

Das ist aber ohnehin eher ein Missverständnis. Deutschland besitzt in Wirklichkeit eine Bevölkerung, die in großen Teilen die Konzepte Effektivität und Effizienz nicht unterscheiden kann. Am deutlichsten zu ersehen an der Elite der Sprachdummheit, den Fußballkommentatoren[36], die stets

....

34 Man kann grob sagen: Das sind mehr Automobile als fahrberechtigte oder erst recht fahrtüchtige Bewohner:innen des Landes.

35 Bei der Entwicklung des Computerspiels »Sim City« wurde versucht, die Entwicklung von Städten so präzise wie möglich zu simulieren: Als jedoch klar wurde, wie viel Raum Autos in der Stadt einnehmen, wie unmöglich eigentlich schon das Verhältnis von Parkraum zu Verkaufsfläche bei einem Supermarkt ist, wurde entschieden, im fertigen Spiel diesen Teil drastisch zu reduzieren und eben nicht zu simulieren. Die späte Stadt des Menschen, nicht nur in Deutschland, ist im Wesentlichen Raum für Kraftfahrzeuge.

36 Australopithecus, Homo habilis, Homo erectus, Homo sapiens, Homo sapiens sapiens, Sportreporter: so verlief grob zusammengefasst die Entwicklung der Menschheit bis zu ihrem finalen Höhepunkt. Vom aufrechten Gehen

zum aufrechten Kriechen hat es Millionen Jahre gebraucht, aber es hat sich gelohnt, auf diese Krone der Schöpfung zu warten.

Sportreporter, speziell die im weltweit beliebtesten Leibesertüchtigungsspektakel, dem Fußball, sind wohlgenährt und anerkannt, obwohl sie sich mit nichts wirklich auskennen, was sie tun: weder mit dem Gegenstand ihrer Berichterstattung, noch mit den sozialen, kulturellen, wirtschaftlichen, politischen Zusammenhängen, in dem das Spiel stattfindet, und am allerwenigsten mit ihrem eigenen Werkzeug, der Sprache; besonders die deutschen. Sie können selten die Anordnungen und Abläufe der Ereignisse auf dem Fußballfeld erkennen und einordnen, weswegen sie fast immer etwas von Willen oder Mentalität faseln, wo es um Spieltaktisches geht. Sie verwechseln Spieler, vor allem die mit einer dunkleren als ihrer eigenen Hautfarbe und verweigern, sich nach der korrekten Aussprache nichtdeutscher Namen zu erkundigen. Sie kämen nie auf die Idee, der Korruption, dem Doping, dem dubiosen Wettgeschäft und was es noch an Abgründen in ihrem Betätigungsfeld gibt, nachzugehen, denn sie wollen die Hand, die sie füttert, nicht nur nicht beißen, sondern küssen, mit Zunge. Und sie stehen fassungslos da, wenn etwas passiert, das doch eigentlich bitteschön mit ihrem reinen Sport nichts zu tun hat. Wird etwa Feuerwerk in Fankurven gezündet, macht es der Sportreporter nicht unter »Idioten, Entschuldigung«. Sind sie erst mal in Aufruhr über die Störung ihres geliebten, doch so harmlosen Sports, können sie nicht anders, als die längst rein sprichwörtliche »Vorbildfunktion« des Fußballs hervorzulabern, und dann wird zum Beispiel ganz schnell aus der Solidarisierung von fußballspielenden Millionären mit einem mit dem Fußball

von »effektiver Spielweise« sprechen, wenn eine Mannschaft aus wenigen Möglichkeiten ein Tor »kreiert« (Fußballkommentatorendummheit Nr. 1693), also effizient spielt.[37]

Nun ist Effizienz nicht falsch. Das beste aus den vorhandenen Möglichkeiten zu machen, das ist sicherlich eine der menschlichen Eigenschaften, die ihn über den Rest der Natur hat aufsteigen lassen. Doch hat sich im Laufe der Menschheitsgeschichte herausgestellt, dass Effizienz durchaus auch die Perversion menschlicher Schaffenskraft sein kann. Vor allem, wenn sie sich, wie im Kapitalismus, nur in der Produktion, aber kaum in der Verteilung des produzierten Reichtums wiederfindet. Auch hierfür steht das Automobil Pate. Autos sind effizient hergestellte Maschinen zur ineffizienten Nutzung.

....

spielenden Milliardär mal ein Signal auch gegen Rassismus, Sexismus usf; wegen gesellschaftlicher Werte und so. Diese rückhaltlose Affirmation des Herrschenden, dieses »Unpolitische«, das immer genau dann politisch wird, wenn es um das Polieren des Produkts geht (und auch nur exakt so lange, bis es wieder ungestört scheint), ist so perfekt der spätkapitalistischen Welt angepasst, dass man sie nur bestaunen kann, die Sportreporter in ihrer muckeligen Nische. Man kann sich fast kein glücklicheres Leben im falschen vorstellen.

37 Wem es ähnlich ergeht: Es lässt sich vielleicht so merken: Wenn man einen rettungslos entzündeten Zahn hat, lässt er sich mit einem Vorschlaghammer oder einer dafür entwickelten Zange entfernen. Beides ist effektiv, nur eines effizient.

Effizienz raubt – just in time – fast allem die Freuden der Langsamkeit und der Besonderheit. Wenn Mensch und begehrte Waren rasend schnell an jeden größeren Ort der Welt gelangen können, gibt es wenig, wonach sich sehnen lässt.[38] Wie Effizienz Ästhetik instrumentalisiert und damit ruiniert, lässt sich auch gut am Automobil erkennen: Das Ausufernde, Stolze der frühen Wagen war nicht darauf aus, andere zu überholen. Selbst in den ersten Massenmodellen war sichtlich nicht der Wunsch zu erkennen, gegen alle anderen zuerst am Ziel zu sein, der die späten Automobile auszeichnet. Selbst die scheinbar verschwenderischen SUV sind keine Symbole ineffizienten Genusses. Solche Trümmer individueller Fortbewegungsmittel derart beschleunigen zu können ist vor allem ein Triumph der präzisen Herrschaft des Menschen übers Feuer. Und da ist es nur konsequent, mit ihnen einen verbrannten Planeten zu hinterlassen.

Alle Fortbewegungsmittel hat der Mensch so effizient gemacht, dass sie unmenschlich geworden sind. Die Missachtung des Weges, die unter anderem darin Ausdruck findet, dass Passagiere in jeden Zug, jedes Flugzeug oder Schiff so eng wie möglich gepfercht werden, ist Folge der Akzeptanz der Ausbeutung. Die Eiligen haben über die Orientierungslosen gesiegt.

Selbst der Urlaub, ursprünglich die luxuriöse Abwesenheit

....

38 Das gilt aber natürlich nur für die, die von der Effizienz der Arbeitskraftausbeutung profitieren. Die anderen sind wiederum gefangen in der Verwaltung des Mangels.

der Arbeit, die sich nur reiche Regionen der Erde leisten konnten, ist längst nur noch Mittel zur Effizienzsteigerung.[39] Mit weniger effizienten Autos, Zügen und Schiffen war ein Sommerurlaub noch vier Wochen lang, dann wurden es höchstens zehn Tage in einer Erholungsmaschinerie, die Weiterarbeit bis zum Burn-out erlauben soll.

Autos müssen eine der größten Errungenschaften der Menschheit sein, sonst wären sie nicht gegen jeden Verstand so unfassbar zahlreich geworden. Sie sind das Spektakel der ideellen Motorradhelme und Grenzwerte. Das Automobil mit Verbrennungsmotoren, die rasend schnelle Kutsche permanenter Explosionen, hätte, gemessen an den Grenzwerten und Sicherheitsstandards des 21. Jahrhunderts, größte Schwierigkeiten, überhaupt patentiert zu werden. Neben der Gefährlichkeit der Geräte selbst ist komplett absurd, welch Aufwand die ständige Bereitstellung hochgiftiger, brennbarer Kraftstoffe über Stadt und Land bedeutet. Und es benötigt keine Klimakatastrophe[40], um die Schäden, die Autos anrichten, für maßlos zu erachten: über Lärm und Ver-

....

39 Der kapitalistische Mensch hat die Brutalität der Effizienz so verinnerlicht, dass ihm zur einzigen historisch alternativen Organisation der Geschäfte, jene, die sich kommunistisch nannte, meist zuerst deren Ineffizienz einfällt. Dabei gehörte diese oft zu den sympathischeren Eigenschaften dieser Gesellschaften. Schade, dass sie in entscheidenden Punkten nicht mal effektiv waren.

40 Bei der tatsächlich Flugzeuge und Schiffe die größeren Probleme darstell(t)en.

schmutzung durch Abgase hinaus ist allein der Reifenabrieb tödlich für weltweit Hunderttausende pro Jahr; er macht den Großteil des »Feinstaubs« aus, der sich in Lungen setzt und sie entzündet, bis in die Antarktis nachzuweisen ist und auch letztlich lügende Grenzwerte zum Spott mit sich herumträgt.

Der kapitalistisch geformte (beziehungsweise: darin zu sich gekommene) Mensch kann sich diese giftig brennende Schutzhülle im Wettbewerb der Wege nicht nehmen lassen und muss sie mit bis in die Tiefgaragen der postapokalyptischen Welt holen. Nähme man dem Kapitalismus die doppelt rücksichtslose Verbrennung (einmal beim Raub der »Bodenschätze«, einmal beim Verklappen der Brandrückstände), die ihn ermöglicht hat, gäbe es ihn nicht mehr. Aber das will schon lange niemand mehr – und wird auch niemand wollen, selbst wenn noch so viele Krisen, kommen sie in großen Wetterkatastrophen oder kleinen Viren, die Welt erschüttern. Das Auto wird jedes Mal Teil der Rache am aufmüpfigen Untertan Erde sein.

Platz 8

Um *die* Errungenschaft der Geschichte der menschlichen Hygiene zu preisen, muss man ein wenig ausholen.

Was unachtsame wie rücksichtslose Verbreitung von Viren (und nicht nur diese) angeht, macht historisch betrachtet so schnell keiner den Menschen etwas vor, die man nun Europäer nennt.[41] Als sie sich den Planeten und die anderen Be-

....

41 Die Geschichte der Pandemien, oder um ein Wort mit einem angemessen unangenehmen Klang zu nehmen: Die Geschichte der Seuchen ist vermutlich wesentlich eine des Handels. Hatte sich der Sapiens mal per Landwirtschaft an feste Orte gebunden und die gewonnene Energie zur Vermehrung genutzt, pflegte er die Viren seiner Region. Man passte sich einander an. Was zu tödlich war, konnte sich nicht verbreiten, alles weniger tödliche wurde zum bekannten Feind oder im besten Fall zum lästigen Begleiter. Doch dann begannen die Menschen, auf immer weitere Distanzen getrockneten Weizenschleim und ähnliches zu tauschen. Oft waren auch die Böden so ausgedörrt vom menschlichen Eingriff, dass massenweise woanders hingewandert werden musste. Als dann auch noch schimmernde Metalle und ähnliches entdeckt wurden, drehte der Mensch regelmäßig komplett durch und stürmte aus der jeweiligen Sicht fremde Gebiete. Und jeweils schleppte er seine Viren mit. Und da es nun mal die Europäer waren, die den Welthandel brutal und schnell ausbauten, haben sie auch wie keine anderen Kontinentbewohner die Welt verseucht.

wohner zu deren Schaden unter den dreckigen Nagel rissen,
und sich dabei auch noch dreist als einzig wahre Menschen
vorkamen[42], waren sie im Gegensatz zu den meisten Men-

....

42   Die Spanier, Portugiesen, Briten, Niederländer und an-
     deren Volksgrüppchen Europas (das sind ja schon von
     heute rückprojizierte Zusammenfassungen von sprach-
     ähnlichen Gruppen) eroberten sich andere Gebiete der
     Erde zuerst aus wirtschaftlichen und religiösen Gründen.
     Beides bildete eine ganz hervorragende Kombination in
     der Unterdrückung der vorgefundenen anderen Sapiens:
     Den christlichen Europäer stand die Welt zu, weil Gott es
     ihnen zum Auftrag gegeben hat, und die Menschen, die
     nicht-christlichen Menschen, waren – sofern sie nicht
     konvertierten – aus dieser Sicht Teil der Natur, die unter-
     tan gemacht werden sollte. Die Ausbeutung war göttlich
     gewollt. Wie auch die gewaltsame Verbreitung des Chris-
     tentums. Als sich Europa langsam durch das Gift des
     Buchdrucks und der damit einhergehenden schnellen Ver-
     breitung skeptischer bis ketzerischer Gedanken säkulari-
     sierte, blieb die gewaltsame Hierarchie in den christiani-
     sierten und ausgebeuteten Gebieten Afrikas und Amerikas
     zwischen fernen Herren und heimischen Dienern erhal-
     ten. Nur reichte nun Gottes Wille nicht mehr, die Herr-
     schaft musste sich biologisieren. So arbeitete sich das
     genetisch marginale Merkmal der Hautfarbe von einem
     Nebenaspekt zum Ideal. Die Berechtigung der Ausbeu-
     tung ließ sich für die Europäer nun in der Überlegenheit
     scheinwissenschaftlich konstruierter Rassen begründen.
     Ganz am Ende waren die Europäer praktisch entchristia-
     nisiert und die, die sie immer noch per wirtschaftlichem
     und technischem Vorsprung als Ressource ihres Wohl-
     stands ausnutzten, die letzte verbliebene große Men-

schengruppen, die sie als Tiere ansahen und entsprechend unterjochten oder gemeinsam mit den eingeschleppten Krankheiten vernichteten, nicht mal anständig genug, regelmäßig zu baden.

Erst später, als sie darauf kamen, was die Römer vor ihnen schon gewusst hatten (bevor die Christianisierung sie auch in dieser Hinsicht ein- bis dreifältig werden ließ): dass durch Häuser fließendes Wasser Voraussetzung für ein zivilisiertes Dasein ist. Zu demokratisieren und privatisieren, was einst nur öffentlich und rituell zu haben war, das Baden in frischem Wasser, gehörte dann unbestreitbar zu den Glanzleistungen des Menschengeschlechts.

Und so überrascht es auch nicht, dass der späte Kapitalismus in seinem globalen Zerstörungswerk an allem, was sich nicht seinem Tempo beugt, zuletzt auch die Badewanne tötet. Sie verschwindet aus Hotelzimmern und den Wohnungen, der in Lohn und Brot Stehenden beziehungsweise wird jeweils nur noch als Luxus mit Zusatzfunktionen angesehen, als das private Spa für zwischendurch. Die Dusche, aufgemotzt zu einem in zig Varianten spuckenden Monster, verdrängt sie – denn die Dusche steht für Aktivität, für die schnelle Herrichtung des Körpers, der zu Markte getragen, ständig angeboten werden muss. Geduscht wird am Morgen; am besten nutzt man sie wie ein Auto eine Waschstraße, um dann am Arbeitsplatz glänzen zu können. Geduscht wird

....

schengruppe der christlichen Herrschaft. Gottes Wege sind unergründlich.

nach dem Besuch des Fitnessstudios oder nach dem Joggen. Aktivitäten also, die auch nur der Aufrechterhaltung der Arbeitskraft dienen.

Die Dusche ist Komplize im täglichen Wettstreit der Selbstvermarktung.[43] Die Badewanne steht für Faulheit. Und eines kann man gewiss aus der Menschheitsgeschichte lernen: Faulheit ist durchaus auch eine Errungenschaft. Sowohl für das Individuum, das sie sich gestatten kann (wenn auch über die Jahrtausende allzu oft auf herbe Kosten anderer), aber längst auch fürs Menschenkollektiv: Weil dort, wo ohnehin mehr Produktivität herrscht als Verstand, im Kapitalismus also, Faulheit beim besten Willen kein Makel ist. Es sind die Produktiven, die ständig Motivierten, die Mitmensch und Umwelt und sich selbst stressen und zerstören. Die Faulen sind nicht nur nicht das Problem, sie wären Teil der Lösung.[44]

In der Welt der Virusabwehr wurden gerade die Werktätigen plötzlich »systemrelevant«[45], die nicht faul sein können, weil an ihren Tätigkeiten Gesundheit und Leben anderer hängen. Eine Relevanz, die das System sonst, also wenn die Not

....

43 Ja Herrgott, in einer Dusche kann man sich nicht mal mit dem Fön selbst töten, wenn man von der Mühle des Arbeitens-um-zu-leben genug hat.

44 »I think motivation is overrated. You show me a lazy prick who's lying in bed all day, watching TV, only occasionally getting up to piss, and I'll show you a guy who's not causing any trouble.« (George Carlin)

45 Modewort des Jahres 2020 n. Chr.

nicht akut erscheint[46], ausnutzt und bestraft. Care-Arbeit lässt sich nicht gut kapitalisieren, dafür aber umso besser zur Erpressung derer nutzen, die für diese Arbeit mehr Geld wollen – ein Streik auf der Intensivstation eines Krankenhauses oder im Pflegeheim hätte nunmal unmittelbar tödliche Folgen, mit denen man erst mal fertig werden müsste. Gerade, wenn man doch ohnehin schon eine Portion Idealismus mitbringen muss, um die Arbeit zu erledigen.[47]

....

46 Die Normalität ist der Tod, hat Theodor W. Adorno mal so ähnlich gesagt. Und es ist nicht die schlechteste Illustration dieser Aussage, wenn es zu einem weit verbreiteten Argument in einer Pandemie wird, dass das pandemische Virus doch nur wie eine Grippe sei. Denn statt aus einer solchen Gleichsetzung (oder auch nur einem Vergleich) den naheliegenden Schluss zu ziehen, dass die Gemeinschaften des Menschen eigentlich mehr gegen die Ausbreitung der Grippe unternehmen müssten, soll nur gesagt sein: Ja, es sterben doch eh nur die Unnützen. Das möglichst unauffällige Wegsterben derer, die dem Markt nicht (mehr) zur Verfügung stehen, also der Alten und »Vorerkrankten« (noch so ein Modewort 2020), ist tödliche Normalität. Und daran erinnert zu werden – zum Beispiel durch solidarische Maßnahmen in einer Pandemie –, dass diese Normalität mindestens moralisch fragwürdig ist, erzeugt in manchen späten Sapiens vor allem der reichsten Weltregionen eine erstaunlich hartnäckige und zynische Wut, im Großteil aber eine müde Verzweiflung.

47 Um den Kapitalismus nicht nur als das einzige Böse dastehen zu lassen: In so ziemlich jeder christlichen Gesell-

Und hier, wenn auch nicht nur hier, hätte Faulheit einen humanen Nutzen in der Pandemie haben können. Ein Generalstreik derer ohne unmittelbare Relevanz fürs System zugunsten derer, deren Relevanz in einer Pandemie für sie tödlich enden kann, das wäre doch schön gewesen. Aufhören mit dem Schuften fürs wenig Nützliche.[48]

Das gilt aber natürlich auch außerhalb des Ausnahmezustands einer Pandemie. Wie auch immer eine würdige Gesellschaft ausgesehen hätte, die die Menschheit hätte hervorbringen können, bevor sie sich in die Zerstörung begeben hat: Ein gutes Kriterium für Würde wäre gewesen, ob sie Faulheit nicht nur toleriert sondern sogar honoriert.[49]

....

schaft wurde der Lohn für die Sorge um andere aus dem Diesseits ins Jenseits verlagert. Lukrativ war das Helfen auch im Mittelalter nicht.

48 Klar, leichter gesagt als getan – hängt doch selbst an würdelosen Tätigkeiten wie Maklerei, Agenturgetue, Fitnessstudiobetreiben und so weiter und so fort Existenzielles. Aber in so einer subjektiven Bilanz der Menschheit sollte doch auch ein wenig naives Wünschen Platz finden, nicht? Ein Generalstreik in Form der Homeofficeverweigerung und des Couchkaputtliegens wäre jedenfalls bei aller Mühe (also fast gar keiner) ein spektakulärer Trost gewesen.

49 Und noch ein den Kapitalismus ein wenig entlastender Rückblick auf den Bolschewismus: Das mithin Ekligste, was die Sowjetunion angerichtet hat, war noch brutaler in Köpfe zu hämmern, dass nur wer arbeitet auch leben darf.

Dass sie das nicht tut, dafür ist die Verwandlung der Badewanne in ein Luxusprodukt ein Indiz. In der Badewanne kann man sich für Momente den Mühlen des Daseins entziehen. Die fürs Menschsein gelegentlich notwendige Regression bis in die Ursuppe eignet sich nicht zur Selbstoptimierung, zur Marktverwertung; die einfache, aber nicht simple Entspannung, die die Badewanne bietet, ist obendrein nicht Konsum genug, um so falsch zu sein, wie sonst die späten Menschenverhältnisse alles machen. Ein Badezusatz, warmes Wasser, fertig ist das kleine Glück.

Doch so etwas darf es eigentlich nur noch in den Entspannungsmanufakturen geben, die sich Wellness nennen, weil sie zur Ware machen, was noch der simpelste Bottich mit warmem Wasser schenkt: Geborgenheit. Selbst, dass man beim Baden im eigenen Dreck sitzt, im Dreck des schmutzigen Geschäfts, zu dem die Menschheit längst alle ihre Mitglieder zwingt, statt ihn rasch wegzuduschen und zu verdrängen, ist Teil der erholsamen Reflexion des Badens. Man darf ruhig mal spüren, was das Leben hinterlässt, bevor die Seife ihr Werk vollbringt. Ohnehin ist das Argument, man säße in der Wanne im eigenen Dreck, ein hohles – als hätte man den Dreck nicht auch ohne Wanne um sich gehabt. Letztlich wird da behauptet, sauberes Wasser würde den Dreck erst zum Dreck machen.

....

Ein System, das Arbeitslager unterhält, hat keinerlei Vorstellung davon, was der Mensch anderes sein könnte als das Ergebnis einer Zurichtung.

Da es aber umgekehrt ist, der Mensch dank Wanne kurz Gast im Wasser sein kann, das ihm den Schmutz abnimmt, sollte er schlicht dankbar sein. Man bejubele also mit einem lachenden und einem weinenden Auge, mit verschrumpelten Fingern und trockenen Knien die gute alte Badewanne: den Ort, an dem man familiäre Gemeinschaft zelebrieren und mit Entchen imaginäre Weltmeere besegeln konnte, den Ort, der der Menschheit eindrucksvolle Totenbilder der Marats und Barschels dieser Welt ermöglichte, den Ort, der als einer der letzten aus Marktteilnehmenden für wohlig-warme Minuten würdevolle Ichs machte.

Platz 7

Um die Geschichte der Künste des Sapiens zu erzählen und ihre beste und beliebteste Form zu benennen, muss man nicht weit ausholen. Es ist die Zote. Denn sämtliche Menschenkunst ist sexualisiert – und ein Witz. Also zumindest die gelungene. Der Rest ist ernsthafter, oft verbissener Kampf gegen die Ehrlichkeit gegenüber dem humanen Körper und seiner objektiven Albernheit.[50]

....

50 Trotz des so folgenreichen aufrechten Gangs und dieses hoch praktischen Daumens, ist der Körper des Sapiens (vor allem der männliche), gemessen am restlichen Tierreich, doch ein ziemlicher Fehlschlag. Ganz besonders ästhetisch. Ein wackeliger Kopf mit seltsamer Behaarungsverteilung ist schmal verbunden mit einem mächtigen Mittelteil, von dem unförmige Gliedmaßen abstehen. Gut, in seiner Frühphase hat der Sapiens eine gewisse Schönheit, vor allem im Gesicht. Aber er durchläuft so viele körperliche Veränderungen, dass er sich ständig in neue Absurditäten morpht. Und kaum ist der Sapiens fertig, verfällt er auch schon erst langsam, dann schnell wieder. Weswegen er auch permanent damit beschäftigt ist, seinen Körper zu bearbeiten – per pseudowissenschaftlicher Bewegung, Kosmetik und wagemutigen medizinischen Eingriffen. Und wem das als Beleg noch nicht genügt, der bedenke dies: Jedem einzelnen Menschenexemplar fallen jederzeit mindestens drei Tierarten ein, die eleganter sind als der Mensch.

Die ersten Höhlenmalereien waren mit dem Pusten von Farbstoffen wie Kohlestaub erzeugte Abdrücke von Händen. Ein Abbild der eigenen Hand an der Wand zu sehen, dürfte den frühen Menschen eine ähnliche Freude bereitet haben, wie dreißig- bis vierzigtausend Jahre später das Vergnügen vom Büroarbeitsdasein geplagter Spätmenschen, den eigenen Hintern auf einen Fotokopierer zu setzen. Die eigene Anatomie ist von Anfang an wesentlich in der Vervielfältigung der (zwangsläufig biologisch eingeschränkt wahrgenommenen) Realität in die nahezu grenzenlosen virtuellen Welten, die menschliche Kunst erschaffen hat.

In den meisten Fällen waren es die Hände weiblicher Sapiens, die sich in den Höhlen verewigten, ein erstes »Wir waren hier« schufen. Die weibliche Anatomie – der Körper, der überwältigend mehr zum Erhalt der Spezies beiträgt als der männliche – blieb über die gesamte Menschenzeit dominant in den Darstellungen, die der Sapiens von sich schuf. Jedoch wurde aus der frühen Selbstdarstellung rasch der überwältigend dominante Blick des (heterosexuell[51]) männlichen Sapiens.

Anatomie ist ursprünglich für Kunst, vor allem für Skulpturen[52] und Malerei, weil der Mensch nicht anders kann, als

....

51 Wobei nicht exklusiv: Die Modegeschichte mindestens ab dem 20. Jahrhundert ist geprägt vom Blick homosexueller Männer (in Gesellschaften heterosexueller Herrschaft) auf den weiblichen Körper.

52 Die frühesten bekannten Objekte, die Skulpturen nahekommen, benötigten gar keine oder nur wenig Bearbei-

überall Gesichter zu sehen – und ihnen Emotionen zuzuschreiben. Stand in der Steppe ein (nicht selten als Säugetier artverwandtes) Wesen vor einem, musste das Menschenauge rasch über die Intentionen entscheiden können, um zu überleben. Insofern hat der Sapiens einen recht engen optischen Fokus und die Fähigkeit, aus einem Gesichtsausschnitt den Ausdruck des gesamten Gesichtes zu lesen.[53] Überhaupt bildet sein Hirn erst Gesichter aus den Linien und Formen von Augen, Nase, Mund et cetera. Dass diese Fähigkeit auch fehlen kann, wissen Menschen mit Prosopagnosie. Deren Gehirn setzt keine Gesichter zusammen und macht es ihnen schwer, Menschen wiederzuerkennen ohne die Hilfe von Stimmen oder Frisuren.

Im Normalfalle ist dem Menschen aber alles (tierischer) Gesichtsausdruck, und jeder Gesichtsausdruck ist ihm eine Geschichte. Das spezielle Sehen des Menschen prägte oder initiierte so zumindest auch Literatur (die ursprünglich Welterklärung und damit Legendenbildung gewesen sein dürfte). Nicht selten dürfte die Inspiration für erste Erzählungen am

....

tung, um einem Gesicht oder etwas Tierischem zu ähneln. Das Bilden von Kunst beginnt in der Abbildung des Gesehenen im Gehirn.

53 Experimente legen zum Beispiel nahe, dass der Mensch immer nur eine Farbe zur selben Zeit sieht. Sobald eine andere Farbe betrachtet wird, wird die vorher betrachtete »ausgeschaltet«. Ähnlich wird auch immer nur ein Wort gelesen; egal, wie sehr der Schnelllesende glaubt, mehr auf einmal wahrnehmen zu können.

Himmel gefunden worden sein. Die (Um-)deutung von Wolken in Bilder und Geschichten betrieb der Mensch garantiert durch alle Zeiten und an allen Orten.

Noch folgenreicher war aber seine Formen-, Gesichter- und Intentionssuche in der Nacht. Von nahezu jeder Zivilisation, die Spuren hinterlassen hat, gibt es Deutungen der Sterne. Sternbilder wurden zu Merktafeln für Wissen und Mythen. Was ein Vorfahr einmal darin erkannte – im Zweifel war es die Widerspiegelung seiner Umstände, der Tiere seiner Umgebung, die prägenden Tätigkeiten seines Tages –, wurde zu dem, was die Nachfahren selbstverständlich wiedererkannten. Die Geschichten, die dazu erzählt wurden, begründeten, warum ist, was ist. Und weil der Mensch das Tier mit einem Konzept von Zukunft ist, wurden diese Bilder zu Vorhersagen.

Somit ist eine der wenigen globalen und historischen Konstanten der Menschheit die Astrologie.[54] Das Horoskop ist eine zutiefst menschliche Erzählform, ein literarischer Ausdruck des Kampfes mit der Ungewissheit und dem Tod. Und die Erzählungen aller Religionen (die manches Mal später auf die töricht selbstverliebte Idee kamen, Horoskope als Aberglaube zu schmähen) sind die mächtigste Literatur des Sapiens geworden, weil sie Wissen und Mythen vom Himmel auf die Erde holten. Weil sie nicht nur erzählten, was war und was kommt, sondern Regeln daraus ableiteten, die das Kom-

....

54   Womit Zigtausende Omas den plump amüsierten Vorurteilen der Enkel:innen etwas entgegenzusetzen hätten.

mende beeinflussten. Sapiens-Propheten können nur vom Himmel kommen und dorthin zurückkehren.

Es ist mindestens ironisch, dass der späte Mensch mit der immensen Lichtverschmutzung seines ständigen Wachstums sich die Sicht auf seine ursprüngliche Inspiration genommen hat. Das Verschwinden der Sterne ist das Verschwinden menschlicher Zivilisation – um es einigermaßen literarisch und somit prophetisch zu sagen.

Doch zurück vom Ende zum Anfang der Kunst: Es gibt drei menschliche Interessen[55] – nämlich Nahrungsaufnahme (samt ihrer Folgen), Sexualität (samt ihrer Folgen) und nicht zu sterben (samt der einen Folge). Diese Interessen verhandelt der Mensch seit den ersten Höhlenmalereien unter anderem mit Schere, Stein, Papier, aber auch Pinsel, Lauten und Zelluloid. Und wer dabei nicht mindestens eine dieser Interessen verhandelt, tut das im vollen Bewusstsein gegen sie. So wie es keinen Atheismus ohne Theismus gibt[56], gibt es keine Askese ohne … Skese?[57]

Na ja. Jedenfalls ist die Abwesenheit dieser Themen in einem Kunstwerk stets kein Zufall.

Der ganze Sinn des Lebens ist: nicht tot zu sein. Deswegen

....

55 Und nur sieben Geschichten, »basic plots«, wenn man Christopher Booker folgen will.

56 Theoretisch natürlich schon, historisch aber eben nicht. Irgendein Gott war immer zuerst da.

57 Huch. Was ist da passiert?

verspricht der Feind aller Kunst, die nicht ausschließlich seine Geschichte erzählt – die Religion –, dass es den Tod gar nicht wirklich gibt. Jenseits, Wiedergeburt und so fort behaupten nichts anderes als: Das hier ist nur eine Zwischenstation. Gegen alle Offensichtlichkeit des Gegenteils. Und weil die drei menschlichen Interessen stark ineinander verwoben sind, will die den Tod leugnende Religion stets Nahrungsaufnahme und Sexualität reglementieren.[58] Also haben sich die menschlichen Künste erst mit den Religionen und ihrem magischen Management tiefster humaner Ängste um diese drei Interessen gekümmert und später, mit und nach der in vielerlei Hinsicht misslungenen Aufklärung gegen die Religion die gleichen Themen, diesmal auf vermeintlich produktive Weise destruktiv, beackert.[59]

Die frühesten Höhlenmalereien erzählen von der Jagd, also der Nahrungssuche. Die Venus von Willendorf, fast

....

58   Und aus nicht ganz so schlüssigen Gründen auch meist das Tragen von Kopfbedeckungen.

59   Das ist eine grobe Simplifizierung. Die Konflikte zwischen religiöser Dominanz und der Auflehnung gegen sie durchziehen die gesamte humane Historie und waren noch nicht mal im Raum des sogenannten Abendlandes so eindeutig und linear, wie hier getan wird. Aber der Versuch einer Universalgeschichte ist immer das Scheitern durch Auslassung. Das wiederum hat sie mit Komik gemein. Ein Witz ist eventuell das Gelingen des Scheiterns durch Auslassung. Klingt verrückt? Ist es vielleicht auch. Aber bitte erst nach dem Ende des Kapitels bewerten.

30 000 Jahre alt, zeigt eine vermutlich als höchst fruchtbar wahrgenommene Frau. Das babylonische Gilgamesch-Epos erzählt von einer Suche nach Unsterblichkeit. Die antiken Epen der griechischen Europäer handeln von Kriegen nach der Entführung einer Frau, also von männlicher Gewalt rund um enttäuschte – und eigentlich auch: erfüllte – Sexualität. Die über 2000 Jahre alte Grabstätte des chinesischen Kaisers Xi'an bewacht eine ganze Terrakotta-Armee. Der berühmteste Holzschnitt der Welt, die große Welle von Kanagawa, zeigt eine riesige Woge, die Fischerboote zu zerschlagen droht. Wo man hinschaut in die Künste des Menschen: Tod, Nahrung, Sex. Die Stillleben, das Abendmahl, Warhols Tomatensuppendose, Guernica, das erfolgreichste Kino (als Reihen unter anderem Marvel Comics, Star Wars und James Bond), die weltweit in den Charts erfolgreichsten Lieder[60] (Elton John: Candle in the Wind, Whitney Houston: I Will Always Love You und Bryan Adams: [Everything I Do] I Do It for You), auch die mächtigsten Skulpturen der Menschheitsgeschichte, die Pyramiden, fordern als Gräber die Endgültigkeit des Todes heraus.

Wobei: Die Geschichte der menschlichen Architektur fällt ein wenig aus dieser Erzählung menschlicher Künste heraus. Sie hat sowieso erst mal einen praktischen Nutzen über die Darstellung hinaus. Architektur ist vor allem Abgrenzung (aber hauptsächlich um Nahrung nah und den Tod

....

60 Musik hängt übrigens nah an der Skulptur. Dort, wo sich frühmenschliche Figuren finden lassen, gibt es meist auch Flöten und Ähnliches.

fern zu halten). Die Geschichte der Architektur sind circa 10 000 Jahre des immer elaborierter werdenden »Wir müssen leider draußen bleiben.«

In der afrikanischen Steppe lief der Sapiens ziemlich ungeschützt zwischen gefährlichen Tieren herum, die die gleichen Tiere wie er verspeisen wollten. Das hat der Mensch sich gemerkt, und sobald es irgend ging, die gefährlichen Tiere aus- und die ess- und bezähmbaren eingesperrt.

Der aufrechte Gang, den der Homo auf dem Erdenrund so exklusiv hat wie sein extraordinär ausgeprägtes Vermögen zu kommunikativer Lautbildung und das genetische Potenzial zur Entwicklung von Bausparverträgen, brachte einiges mit sich. Nicht nur einen besseren Blick über die Steppengräser. Auch bedeutete er ein engeres Becken als das anderer Affen; anders lässt die Physik des Knochenbaus die aufrechte Haltung nicht zu. Dieses engere Becken bedeutet kürzere Schwangerschaften der gebärfähigen Menschen, weil Kind und Mutter eher sterben, wenn das Kind zu lange reift, zu groß wird. Ohnehin kommt der Sapiensembryo nur durchs Mutterbecken, wenn es sich dabei dreht – was wiederum zu Geburten zwingt, bei dem die Mutter eher dem Kind abgewandt ist. Das alles bedeutete, so die Theorie, evolutionären Druck für den frühen Menschen, aus tierischen Lauten menschliche Sprache zu machen.[61] Frühe, vergleichsweise

....

61   Sprache ist so basal, dass die Menschen, auch nachdem sie sich über Hunderttausende Jahre über den Planeten verteilt und biologisch oberflächlich auseinanderent-

wickelt hatten, ruckzuck die fremden Sprachen jener Artgenossen erlernen konnten, die weit weg lebten. Gut,
meistens mit dem Antrieb, die anderen zu bestehlen, zu
einem Glaubensquatsch zu bekehren oder zu meucheln –
aber das dürfte nicht dem zwischenmenschlichen Sprach-
verständnis geschuldet gewesen sein. Natürlich ist Sprache nicht per se gut, man kann schon erstaunlichen Mist
mit ihr anstellen, aber sie schafft die einzige Welt, in der
Menschen überhaupt leben können. Sie ist, selbst ohne
Verschriftlichung, das kollektive Gedächtnis. In der Etymo-
logie einzelner Wörter steckt Jahrtausende umfassende
Geschichte. Dabei ist das Sprechen des Menschen in
Wirklichkeit unpräzise, der Unterschied zwischen dem
Gedachten und Gesagten oder gar Geschriebenen teilweise beachtlich. Zum Beispiel klang manche Passage dieses Buches im Gehirn viel besser, als sie nun hier steht.
Auf der Strecke vom fast wortlosen Gedanken bis zur Niederschrift geht so manches verloren oder kommt manch
Unnötiges hinzu. »Schreiben ist ganz einfach, man muss
nur die falschen Wörter weglassen«, wie Mark Twain
eigens für Poster in literaturwissenschaftlichen Bibliothe-
ken diese Unwucht menschlicher Mitteilung formulierte.
Weil es so schwierig ist, die falschen Schnürsenkel weg-
zulassen, erstaunt es aber immer wieder, wie gut die richtigen Wörter an der richtigen Stelle sind, wie einzelne
Wörter selbst aus tausendmal Gehörtem plötzlich hervor-
springen können und Sinn stiften. Das »really« in dieser
Zeile des längst durch circa dreißig, zum Teil abstoßen-
den Verwertungszyklen gegangenen Louis-Armstrong-
Liedes »What a wonderful World« bezaubert zum Beispiel
immer wieder: »I see friends shaking hands, saying ›How
do you do?‹ They're really saying ›I love you‹.« Dieser

komplizierte Geburten[62] nicht voll entwickelter extremer Nesthocker, ja eher Nestlieger, verlangen eine gute Kommunikation in der Wildnis, will die Sippe sich erhalten.

Außerdem hat der Säugling so genug Hirnentwicklung außerhalb des Mutterleibes vor sich, dass von Generation zu Generation – und über eine sehr lange Zeit – die Intelligenz des Sapiens erstaunlich wachsen konnte. Der Startvorteil der bei der Geburt fast voll entwickelten Giraffen, Elefanten, Tiger & Co. wurde über die Jahrtausende zum Nachteil gegenüber dem seltsam gebauten Spätzünder Sapiens – mindestens zahlenmäßig. Es ist das seltene Glück der Spezies Mensch, dass sich aus einer veränderten Knochenstellung ihre Fähigkeit entwickelte, die unmittelbaren Naturzusammenhänge zu verlassen. Oder anders gesagt: Ohne engeres Becken des weiblichen Sapiens hätte Mao Tsetung niemals

....

sanfte Zweifel am behaupteten Daseinsglück in diesem einen Wort gibt dem Lied eine profunde Naivität und macht die Begeisterung erstaunlicherweise echt. Die sagen das wirklich! Obwohl es so etwas Unwahrscheinliches ist, dass es Liebe gibt und sie mit nur drei Wörtern zu übermitteln ist. Dieses eine Wort macht aus einer Floskel, einer Routine für ein kitschiges Lied, eine profunde Freude an den Möglichkeiten des Lebens. Es verteidigt den Mensch gegen den Zynismus, den er sich geschaffen hat. Wundervoll. Wirklich.

62 Die annehmen lassen, dass Hebammen die frühesten medizinischen Kapazitäten des Menschengeschlechts waren.

drei der zehn meistverkauften Bücher der Weltgeschichte schreiben können.[63]

Der Sapiens war also ein extremer Nesthocker bevor er ein richtiges Nest besaß. Also sagte er sich mit der neu gewonnen Sprache: Ab in die Höhlen! Und saß auch da noch Ewigkeiten herum, bevor er auf die Idee kam, sich eigene Höhlen zu zimmern. Doch es war zwingend: Denn Höhlen kann man sich zwar wohnlich malen und halbwegs gut verteidigen – aber ungebetene Tiere kommen immer noch herein. Oder schlimmer: wohnen da auch.

Die ersten Bauwerke des »Wir müssen leider draußen bleiben« hielten wohl das wilde Tier ab – und boten ein gemeinsames Heim mit den Tieren, die der Mensch sich zur Unterstützung anpassen konnte. Es war eine großartige Leistung. Es gehört zum mithin Besten, was dem Mensch in den Hunderttausenden Jahren seiner Existenz gelungen ist: sich Hütte für Hütte, Bau für Bau aus den Zwängen der amoralischen, gemeingefährlichen Natur befreit zu haben. Die Sesshaftigkeit und damit Zivilisierung mag dieser Latte unter den Affen, diesem senkrechten, verkopften Säugetier mit den speziellen Pfoten in der Folge viel Ungleichheit und unzählige dämliche Bünde mit obskuren Regeln beschert haben, doch hat es seinen Grund, weswegen der Mensch

....

63 »Worte des Vorsitzenden Mao Tsetung« (Platz 2 nach der Bibel, ca. 1,5 Milliarden Exemplare), »Gedichte des Vorsitzenden Mao« (Platz 5, ca. 400 Millionen Exemplare) und »Ausgewählte Werke« (Platz 8, nur 252 Millionen Exemplare).

lediglich von Vorgeschichte redet, wenn er von seinen Zeiten vor sich dokumentierenden Zivilisationen spricht. Wozu ein höheres Bewusstsein, wenn man damit nichts weiter anfängt, als durch die Savanne und dann in eine klamme Höhle zu hopsen, zu fressen und selbst nicht gefressen zu werden?

Nach zähen Ewigkeiten der Herrschaft der Natur über den Sapiens, ging es mit der Umkehrung der Machtverhältnisse also vergleichsweise ruckzuck. Als der Mensch gelernt hatte, Pflanzen zu hegen, Böden zu manipulieren, Flüsse zu lenken und Tiere zu zähmen, baute er, was das Zeug[64] hielt. Mit dem Ackerbau kamen die Hütten und Häuser, mit den Hütten und Häusern die Dörfer, mit den Dörfern die Burgen, mit den Burgen die Burgmauern, mit den Burgmauern die Städte, mit den Städten der beschleunigte Wissensaustausch, mit dem Wissen die Wissenschaft, mit der Wissenschaft die nur noch durch den Menschen selber wieder zu zerstörende Vormacht über die Natur. Dass der Mensch gelernt hat, die Natur – und recht bald natürlich auch seinesgleichen – architektonisch auszuschließen und damit fern oder gar wider der Natur zu leben, wäre aber gar nicht so schlimm, wenn er nur in der Lage gewesen wäre, die seine zu zähmen. Aber spätestens im Kapitalismus hat der Mensch so zu sich gefunden, dass es kein Halten mehr gibt, egal, wie selbstzerstörerisch das ist. Die Verhältnisse gaukeln zu erfolgreich denen, deren

....

64   Schilf, Holz, Stein, Lehm – ja ganz im Norden des Planeten sogar Eis.

Verbrauch die Erde auslaugt, Unabhängigkeit von den Gewalten der Natur vor.[65]

Dabei hätte der Hang zum Grenzbau dem Sapiens auch Hilfe sein können: indem er sich selbst aussperrt. Aus der

....

[65] Der späte, der städtische Mensch (und er ist es auch längst auf dem vermeintlichen Lande), der von der Natur bestenfalls auf geführten Touren und in HD-Fernsehdokus (wo sie nur Dekoration für gewichtige Altherrenstimmen geworden ist) mitbekommt, pflegt, vermutlich als Reminiszenz der Leistung seiner Vorfahren (und vermutlich weil er von der Allgegenwart seinesgleichen genervt ist), eine dämliche Naturnähe. Er hält seit Jahrtausenden herumgezüchtete Tierimitate wie Hunde und Katzen in seinen engen Steinstapeln, damit er Bildchen entweder des heiklen Umgangs oder der Vermenschlichung dieser Wesen mit anderen teilen kann. Haustiere sind Prostitution und Pornographie des Naturursprungs des Menschen. Und Komplizen der Naturverachtung: Kommen die Haustiere doch mal in die einigermaßen echte Natur, die der Homo sapiens dem Planeten gelassen hat, richten sie Massaker an – wie etwa Katzen unter Singvögeln. Andere Stadtmenschen verklären esoterisch die Natur – und lassen sich dann zum Beispiel nicht impfen. Oder schlucken nutzlose Zuckerpillen statt echter Medikamente, weil das »natürlicher« sei. In der Abwesenheit ihrer unmittelbaren Gefahr halten sie die Natur für das, was die letzte Menschenzivilisation nur den reichsten seiner Art gewähren will: Schutz. Das war sie aber nie. Und wird es auch nicht wieder werden. Denn die vom Menschen in jeglicher Hinsicht verlassene Natur ist vor allem der Verlierer beim sich Totsiegen des Menschen (wenn er sich aber endgültig kleingekriegt hat, wird sie wieder gewinnen).

Region rund um Tschernobyl, wo sich selbst die Wolfspopulation erholt hat, lässt sich etwa schließen: Die Abwesenheit des Menschen ist naturfreundlicher als die Anwesenheit radioaktiver Strahlung. Jedes »Wir müssen leider draußen bleiben« für den Menschen ist der Natur ein seltener Segen.[66]

Die Wissenschaft, die die Mechanismen zur Ausbeutung und Zerstörung der Natur geschaffen hat, ist auch in der Lage, die Bedingungen zu erahnen, die die Natur zur Selbsterhaltung braucht. Schade, dass die Natur auch dem unvermeidlichen Primat der Vermarktung nicht entkommen konnte. Der Natur fern zu sein hätte auch bedeuten können, ihr nicht alle Reservate zu nehmen, wie es unter anderem in der amerikanischen Frontier mit den Resten der Menschen geschah, die ans Vorgeschichtliche erinnerten. Es hätte auch bedeuten können, nicht alles zu erschließen, zuzupflastern und dort, wo es vermeintlich noch wild geblieben ist, die Natur zu steuern und zu kontrollieren. Die Natur ist weder Freund noch Feind; sie ist ein Begleiter, den man einfach mal eine Weile hätte in Ruhe lassen müssen. Weil das aber nicht ausreichend geschehen ist, wird sie sich das globale Tschernobyl, das der Mensch sich erbaut hat, geduldig zurückholen müssen.[67]

....

66 Nur noch ungefähr 23 Prozent der Landfläche der Erde sind einigermaßen vom Mensch unberührt (dazu gehört auch die Antarktis). In Deutschland ist es ein halbes Prozent.

67 Oder um aus einem Artikel mit der Überschrift »Nach dem Weltuntergang« von spektrum.de zu zitieren: »Wenn man in Dimensionen von vielen Millionen Jahren denkt, sind

Da man aber nicht alles immer vom Ende her bewerten muss (auch nicht vom Ende der Menschheit her), kann man das tragische Ergebnis des Sieges über die Natur per Bauwahn auch mal einen Moment ignorieren und auf die Leistungen schauen, als das alles erstaunlich gut zu laufen schien. Welch herrliche Bauwerke hat der Mensch geschaffen, wenn nur genügend Macht, Glaube und Sklavenarbeit zusammenkamen! Und das zum Trotz aller Widrigkeiten der Natur. Die Ägypter bauten grandiose Pyramiden in die Wüste, Inka, Maya und Azteken Paläste ins Hochgebirge – ohne Kenntnis des Rades. So berauscht war zumindest der europäische-nordafrikanische Teil der Menschheit von seinen Baukünsten, dass er bei sieben Bauwerken von Weltwundern sprach – mit solcher Überzeugung, dass Tausende Jahre später noch diese Zahl der Weltwunder geläufig ist.[68]

Aber neben dem Zweck der Ausgrenzung dient Architektur, die auch als gesamtmenschliches »Ich war hier« funktioniert, als Leinwand für viele kleine »Ich war hier«. Als prominentes Beispiel soll hier die Berliner Mauer herhalten, die ohne die zahllosen Graffiti nicht die Berliner Mauer gewesen wäre. Und dass Graffiti zu allen Menschenzeiten nicht unwesentlich waren, zeigt ein Blick auf die Graffiti in

....

die Erfahrungen der letzten Weltuntergänge beruhigend: Ist der Mensch erst einmal von der Erde verschwunden, wird diese sich früher oder später von seinem Wirken erholen.«

68 Welche es genau waren, dagegen nicht. Aber immerhin!

der in Vesuvstaub gefrorenen römischen Stadt Pompeji: Zoten.[69]

Weil alles so vielfältig ineinander verwoben ist – Nahrung schiebt den Tod hinaus, Sexualität als Fortpflanzung überwindet ihn, zumindest für die Sippe und die Spezies – ist es gar nicht so leicht durchzublicken, was dem Menschen wo als obszön gilt. Zum Beispiel zeigen Film und Fernsehen unzählbare Morde, aber die wenigen Momente, in denen Menschen auf den Bildschirmen Essen nicht nur andeuten, sondern tatsächlich ausführen, erscheinen vielen Zuschauenden als unangenehm. Das Einzige, was stets leicht verständlich Wirkung erzielt, ist die Sexualisierung von allem. Die Zote spielt auf allgemein Gültiges und doch dank der diversen repressiven und körperfeindlichen Konzepte der Herrschaft auf Geheimes an. Die Zote ist die Volkskunst aller Zeiten und Räume.

Die Zote ist die höchste Errungenschaft der Menschenkunst, weil sie niedrigste Instinkte immer wieder in neue Formen von Komik packt.[70] Sie ist aber nicht die erste – oder universelle[71] – Form von Komik, denn sie ist erwachsen. Auch wenn ihre Gegner gerne das Gegenteil behaupten. Der

....

69   Hui, da hat einer aber eine ganz schön weite Kurve gerade noch so gekriegt.

70   Sie ist auch die höchste Form, weil sie in mindestens 99 Prozent der Fälle schiefgeht. Aber dazu später mehr.

71   Falls es so etwas überhaupt gibt: universelle Komik.

vermutlich am weitesten verbreitete Witz der Menschheit, der schon beim kleinsten Kind funktioniert[72], hängt dagegen an der Nahrungsaufnahme und ist die Pointe des Körpers: der Furz. Der Furz ist die Pointe des Körpers, denn: Es hat sich etwas aufgestaut, wird vielleicht sogar schmerzhaft und löst sich dann mit nicht selten heiteren Begleitgeräuschen in Wohlgefallen (für einen selbst) und Provokation (für andere) auf. Schon Säuglinge bringt das zum Lachen. Zu Recht.

Der nächste Schritt in der Komikentwicklung des Menschen ist dann das Lachen über das und mit dem Tier. Komik und die sie ermöglichende Haltung namens Humor sind exklusiv menschliche Eigenschaften, selbst wenn der empathische Mensch sie auch im Tier, bevorzugt dem eigenen Haustier, auszumachen wünscht. Das menschliche Lachen ist weit mehr als eine Geste der Freundschaft, der Harmlosigkeit, der Aggression, der Verachtung oder als welches Signal das Lachen im Tierreich noch auftreten mag. Es ist eine Notwendigkeit, so sehr, dass es auch als Kommunikation mit einem selbst möglich ist. Man kann sich nicht selbst kitzeln, aber sehr wohl zum Lachen denken. Das ist eine fundamentale Funktion des Denkens, das den Menschen vom Tier scheidet.

Das Tier gerät im Angesicht des Todes in Panik, erstarrt oder wütet, rast auf die Gefahr zu. Der Mensch, ständig im Bewusstsein seiner Sterblichkeit, hat einen gelegentlich

....

72 Lachen ist eine biologische Reaktion des Menschenkörpers. Humor wird erlernt, durchaus sehr früh.

wunderbaren Weg gefunden, nicht immer das eine oder andere zu sein oder tun zu müssen: den Tod auszulachen; sprich: Humor zu haben. Die initiale und lang anhaltende Nähe der Komik zur Brutalität und Körperfunktion (man lese etwa »Don Quijote«) ist der immer wieder neu errungene Sieg über die dem Körper eingeschriebene Angst vorm Tod.

So stolz ist der Mensch auf diese exquisite Verarbeitung des Todes, dass er die Tiere besonders gern und immer wieder in seine Kulturprodukte, und ganz besonders den komischen, hineinzieht. Der Mensch hat schon Tiere gemalt (mangels Alternativen erst mal an Höhlenwände), als er sich seines, wie er es nennt: höheren Bewusstseins vielleicht noch gar nicht so richtig bewusst war. Dieser stetig ausgeweitete und verfeinerte Copyright-Diebstahl ist der Ursprung menschlicher Kultur. Und spätestens, seit der Mensch sich selbst – rückwirkend – das göttliche Gebot gegeben hat, die Erde sich untertan zu machen, malt er die Tiere nicht nur ab, sondern stattet sie mit seinen eigenen Eigenschaften aus.

Es ist der ultimative Trick der fröhlichen Selbsterhebung, die langlebigste Form der Unterhaltung, die der Mensch für sich gefunden hat: Tiere zu Menschen zu machen. Ob nun Schlangen verbotene Äpfel darbieten, Kater gestiefelt daherkommen oder nur obenrum gekleidete Enten namens Donald sich zu Weihnachten an Gänsebraten erfreuen – der Mensch kann sich nicht sattsehen am Tier als Mensch.

Mitbangen muss er, wenn er menschliche Gefühle im Hund imaginiert, wenn Lassie den Kopf schief legt, um den Timmy in uns wieder und wieder zu retten. Weinen muss er, wenn Rehmütter abgeknallt werden, wohl wissend, dass es ja nur ein vermenschlichtes Kitz ist, er also gar nicht um ein

Tier weint, dessen massenweises Töten er problemlos mindestens zu tolerieren imstande ist, sondern um sich selbst, weil er leider – im Gegensatz zum Tier – ständig weiß, dass auch Mamas sterben müssen (so wie man selbst) und diese Tatsache leichter zu ertragen ist, wenn man gelegentlich stellvertretend für ein »Tier« heult.[73]

Auch lachen muss er, wenn Tiere Menschensachen machen, wenn Garfield Lasagne isst, wenn Eiszeitnager keine Nuss abbekommen oder Idefix, der Hippie, um Bäume weint. Ja, so perfid-clever ist die Vermenschlichung des Tieres, dass der Mensch sogar damit seinen Selbsthass weglachen kann, das Ahnen, wie sehr er die Natur ausbeutet, über die er sich hat erheben müssen, um zu sein, was er ist – und sei es in Form eines Kaninchens, das fröhlich-überheblich Möhren nagend seinem Jäger die Flinte im Gesicht explodieren lässt.[74]

Das sind vor allem Beispiele der Kinderunterhaltung[75],

....

73   Dafür, dass der da oben der richtige Text ist, stehen da aber manchmal ganz schön anstrengende Sätze. Hier unten geht es viel einfacher und gesitteter zu. #teamfußnote

74   Ach, ist das alles kompliziert da oben. Hier noch mal einfacher, Fußnotenstyle: Der Mensch projiziert sich in Tiere, weil er damit die eigene Sterblich- und Lächerlichkeit besser ertragen kann. Und nebenbei immer wieder feiern, dass er der Natur entronnen ist.

75   Und es sind wesentlich »westliche« Erzählungen. Es war eben der Europäer mitsamt seinen imperialistischen Ablegern, der den Planeten unbewohnbar gemacht hat, während er gleichzeitig wirkungsvolle Geschichten über Tier-

denn wer einen Kinderkanal betrachtet, weiß: ohne diese immergleiche Masche kommt man nicht aus. »Wir haben ein neues Programm!« – »Ja?« – »Schweine benehmen sich wie eine Menschenfamilie – aber sie suhlen sich immer wieder in Schlammpfützen, weil sie Schweine sind, aber mit Gummistiefeln an den Füßen.« – »Lustig! Noch was?« – »Ja! Ein cleveres Schaf trickst immer wieder Mensch und andere Tiere aus. Es kann alles, was Menschen können, aber es blökt dabei!« – »Super, das mögen sogar Erwachsene! Noch was?« – »Eine Ratte als Gourmetkoch.« – »Sensationell!« ...

Es sind vor allem Kindererzählungen, weil mit diesem Kniff der Mensch seinem Nachwuchs alles vermitteln kann, was er über das Verhältnis zur Natur wissen soll: Sie dient einzig dem Menschen. Als Ressource. Als Müllhalde. Als Witz. Als Projektionsfläche. Als Trost.[76] Tiere als Menschen: ein genialer menschlicher Einfall, der keinen weiteren Applaus benötigt, weil er schon genug bekommen hat. Ja, selbst die Gegenprobe belegt es: Wer Menschen zu Tieren macht, produziert nur verwirrenden Schund. Man denke an »Cats«![77]

....

menschen weltweit exportierte; vielleicht, weil er zweiteres Leben brauchte, um sich mit ersterem wohlzufühlen.

76 So so, Kindercartoons Erziehung zur Naturverachtung? Da hat da oben wohl jemand was gegen Kinder. Hier unten aber nicht! Kinder sind toll.

77 Das ist natürlich nicht die Gegenprobe, nur der gleiche Kniff, aber unnötig kompliziert und fürchterlich erzählt.

Geht die Kindheit des späten Sapiens in ein zähes Erwachsenwerden über[78], bleibt in Sachen menschlicher Komikproduktion aber vor allem ein Thema: Sex.[79] Womit wir wieder bei der höchsten Errungenschaft der menschlichen Künste angekommen wären.

Zugegeben: Die Zote hat nicht ganz zu Unrecht einen schlechten Ruf. Zumeist wird sie eingesetzt, um den herrschenden Chauvinismus mit Wucht noch in die kleinsten und abgeschottetsten Räume zu tragen, um immer wieder neu zu sexualisieren und zu verlachen, wer ohnehin schon die Hässlichkeit der Ungleichheit regelmäßig spüren muss. Doch wird alles in Händen beziehungsweise Mündern derer, die unhinterfragt der Aufrechterhaltung der falschen Verhältnisse dienen, zur Waffe, auch sämtliche Mittel der

....

78 Wie gesagt: Die Kindheit ist eine sehr späte Erfindung, und in seiner Begeisterung über die ihr attestierte Unschuld und im Optimalfalle behütete Lustsuche, lässt der Mensch ungern von ihr los. Und natürlich fällt das teilweise lächerliche Festhalten dem Teil der Menschheit einfacher, der nach der Zeugungsfähigkeit weniger Konsequenzen für Körper und Freiheit zu erwarten (oder oft: zu fürchten) hat.

79 Hüstel. Ehrlich: Hier unten wächst die Wut. Während DA OBEN der Text es sich zusehends leichter macht, müssen wir HIER UNTEN alles immer wieder erklären. Wird das oben überhaupt gewürdigt, was hier kleingedruckt geleistet wird? Das sind doch nicht nur Ergänzungen für das eitle Geschwätz da oben! Das alles riecht schon nach Unterdr

Komik.[80] Wert haben sie trotzdem. Ja, sie gehören zum Besten, was die Menschheit in den insgesamt eher misslungenen Jahrtausenden der Herrschaft über den Planeten geschaffen hat.

Denn selbst die Zote, der obszöne Scherz, ist nicht umsonst auch dort ein beliebtes Mittel zur Erheiterung, wo im besten aller Fälle die Gewalt des Gesellschaftlichen entschärft, für Augenblicke zum Verschwinden gebracht werden kann: in sämtlichen Intimverhältnissen, die die menschliche Sexualität zur Verfügung stellt. Wobei es noch nicht mal Sex für die gelegentliche Magie der Zote benötigt. Auch die Intimität des platonischen Verhältnisses kann (muss aber keinesfalls) sich über die gelegentliche Sexualisierung des Harmlosen sowohl der Intimität vergewissern – so etwas gestattet man nun mal nicht allen – als auch des Platonischen, also die ja doch schon immer irgendwie dräuende Sexualität im Wort erschöpfen.

Komik ist menschliche Kultur wie Natur. So wie sie aus den Zwängen der tierischen Natur zu befreien vermag, so kann sie aus den Zwängen der Gesellschaft, die sich der Mensch geschaffen hat (unter anderem dank der Fähigkeit zum bewussten Lachenmachen), für Momente befreien, in dem sie auf die Natur, etwa in Form des vermaledeiten Fickenwol-

....

80 Das hatten wir doch schon in einer früheren Fußnote so ähnlich gesagt, herrje. Und wurden wir gerade eben mitten im Satz unterbrochen? Frechheit!

lens, zurückverweist.[81] Die Zote, das Lachenmachen unter dem Niveau der Zivilisation, ist übrigens auch nur im Wesentlichen sexualisiert, weil sich die Zivilisation mit kaum etwas anderem so schwertut, wie mit der Sexualität, vor allem der nicht mehrheitlich genormten.

Die Zote ist nicht nur eine Fußnote der Komikgeschichte[82], sie trägt, wenn auch nur für Momente, die Momente der Befreiung genauso in sich wie jede andere Witzform. Zur richtigen Zeit mit den richtigen Leuten zelebriert, ist sie ein Vergnügen, das die Kakerlaken, deren kommende Weltherrschaft die Menschheit rabiat und unaufhaltsam vorbereitet, vermutlich noch nach Jahrmillionen Evolution nicht verspüren werden.

Und für diese Leistung, darüber und damit zu lachen, was im Tierreich selten ohne Gewalt zu haben ist: Sex, sollte sich die Menschheit in ihren letzten Zügen noch einmal beglückwünschen. Danke. Weitermachen!

....

81 Ja, alles schön und gut. Aber wer befreit die Fußnoten aus ihrer Randständigkeit?

82 Wie bitte? Ist das ein Seitenhieb? Hier wird doch nach unten getreten. Und das darf Satire niemals, werte Komikexperten da oben! Es reicht: Auf die Barrikaden, Fußvolk! Nieder mit denen da ooooh

Platz 6

Um die Historie der menschlichen und zuweilen sogar humanen Politik zu erzählen, muss man ein wenig ausholen.[83]

Die wohl am wenigsten egozentrische politische Organisation seiner selbst, die der Mensch in seinen circa 10 000 Jahren größerer humaner Konglomerate zustande gebracht hat, nennt er Demokratie. In ihr hat er über 7000 Jahre eine erstaunlich idealistische und fintenreiche Entwicklung von der Herrschaft weniger über viele zur Herrschaft weniger über viele (aber mit breiterem Unterhaltungsangebot) genommen.

Die Geschichte der Demokratie ist ungefähr die einer Drogenkarriere eines Stars der populären Menschenkünste: Erst wird etwas gefunden, das die Tristesse und das Leiden vertreibt. Wenn dann die Euphorie wieder abnimmt und der einstige Reiz zu einer Pflicht oder gar einem Zwang wird,

....

83 Mit Bedauern muss die Geschäftsleitung bekanntgeben, dass die Belegschaft der Fußnotenabteilung ihrer Aufgaben nicht gewachsen war und komplett entlassen werden musste. Wir bedauern diesen Schritt und wünschen allen, die den Aufstand überlebt haben, eine schnelle Genesung und alles Gute für den weiteren Lebenslauf. Ab sofort betreut Sie ein neues Team, hauptsächlich aus unbezahlten Praktikanten. Bitte haben Sie Nachsicht. Denn wir haben wenig davon. Gez. die Geschäftsleitung

wird es immer schwerer, alles aufrechtzuerhalten. Irgendwann bricht das ganze Konstrukt in sich zusammen. Dabei sind meist alle möglichen Leben gefährdet. Und hinterher müssen in mühsamen Gruppengesprächen die Schäden festgestellt und dann teilweise beseitigt und teilweise ignoriert werden. Mit einem Satz neuer anstrengender Regeln wird alles wieder stabil, es setzt vielleicht sogar eine neue Euphorie ein. Bis zum nächsten Exzess, eingeleitet wahrscheinlich von einem Kerl, dessen wilden Versprechungen in einem schwachen Moment geglaubt wird. Dann wieder Zusammenbruch, Aufräumen, sich bei Frauen und Kindern entschuldigen, neue alte Regeln diesmal wirklich befolgen. Und ganz am Ende regiert dann irgendein Olaf Scholz.[84]

Aber von vorne. Politik ist die Abgabe der Kontrolle der einzelnen Mitglieder einer Gesellschaft über ihre unmittelbaren und mittelbaren Lebensumstände auf einen Vertreter (seltener: Vertreterin). Und zwar im Wesentlichen in den Bereichen Nah-

....

84   An dieser Stelle sollten wir uns kurz vorstellen: Wir sind FußNOT, ein Berliner Start-up, das sich zum Ziel gesetzt hat, überall dort schnell Hilfe zu leisten, wo Fußnoten außer Kontrolle geraten. Unsere Stammklientel sind Politiker:innen, die seit dem durchschlagenden Erfolg des Internets und seiner Schwarmschnüffelei Schwierigkeiten haben, Doktorarbeiten ganz normal zusammenzuklauen. Aber wie jedes andere Start-up sind wir auch bereit, dort mitzuhelfen, wo sich so etwas wie Betriebsräte und Gewerkschaften bilden könnten. Wir garantieren Same-Day-Delivery.

rungsverteilung, Reproduktion und Leben / Tod.[85] Der politische Handel vor allen anderen Vereinbarungen war in jeder Gesellschaftsform stets: »Wer dafür sorgt, dass ich satt werde, darf über die Verwendung meines Körpers mitentscheiden.« Im Falle Sapiens-Männchen bedeutete das meist Soldatisches, im Falle Weibchen gewalthafte Steuerung der Sexualität (und bei allem Dazwischen den Zwang, sich für das eine oder andere zu entscheiden; wobei es meist nur eine »richtige« Entscheidung gab[86]). In den Sippen des frühen Sapiens dürfte diese Abgabe von Kontrolle noch recht direkt darüber gelaufen sein, wer sich als stärkster Jäger oder Beschützer zeigte, und doch dürften viele Entscheidungen in den gar nicht so großen Gruppen einigermaßen demokratisch, also durch verschiedene Formen der Mehrheitsfindung, gefallen sein. Die Prozesse in einer Menschengruppe in der Steppe werden nicht so viel anders gewesen sein als die in einer Studenten-WG.[87]

Mit den schnell wachsenden Siedlungen und den Stadtstaaten und ihren Bedürfnissen nach Ressourcen – meist zu finden in anderen Siedlungen und Stadtstaaten – hat der zentrale politische Handel gewiss an Freiwilligkeit verloren. Stetig das Brot für alle zu liefern verlangt in größeren und kom-

....

85   Ha, das kennen wir aus dem vorigen Kapitel!

86   Das gilt allerdings nicht für alle Gesellschaften. In manchen, viel zu oft ignorierten, gab und gibt es Integration von Zwischengeschlechtlichem.

87   Sehr gut zusammengefasst!

plexeren Menschenansammlungen solide Hierarchien und mehr Gewalt nach innen und außen. Es braucht Soldaten, die mit und für einen rauben, und Soldaten, die dafür sorgen, dass es weiterhin genug Soldaten gibt (und der Rest brav seine Arbeit macht). Zu beweisen, dass man der Stärkste ist, gelingt nicht mehr unmittelbar. Es benötigt Rituale und Symbole. Also baut man sich das größte Haus, setzt sich auf den größten Stuhl und schmückt sich mit Gewaltigem. Und: Mindestens ein Gott hat alles so gewollt!

Eine solche Stellung gibt man dann natürlich ungern ab, behält sie am liebsten in der eigenen Familie. Weil das mit der Reproduktion aber heikel ist beim Affen mit dem aufrechten Gang und der schmalen Hüfte, braucht es Allianzen, die per Heirat biologisiert werden. Konkurrenz muss ausgeschaltet werden. Unter anderem dafür braucht es eine Schicht von Unterstützern, die ihre Zeit statt in Versorgungsarbeit in die Verwaltung der Hierarchien stecken. Damit sie diese Zeit haben, benötigt es Menschen, die ausschließlich arbeiten. Praktisch sind da die Leute, die man auf den Raubzügen in anderen Siedlungen gefangen genommen hat. Sie werden zu Frauen, Entschuldigung: Sklaven. Damit das Inhumane daran nicht zu sehr auffällt, erklärt man diese Sklaven mehr oder minder zu Tieren. Außerdem hat es mindestens ein Gott so gewollt!

Und jetzt kommt die Demokratie![88]

Erfunden wurde sie von einer griechischen Sklavenhaltergesellschaft, in der sich die Schicht der Hierarchieverwalter

....

88   Juchu!

nicht mehr von einzelnen Herrschern tyrannisieren lassen wollte. Der Begriff »Tyrannisieren« kommt exakt da her. Statt sich also von einem Mann sagen zu lassen, wann man andere töten oder sich töten lassen soll, entschieden alle, also alle besitzenden Männer, und zwar per Tonscherbenabstimmung, wann es ans Sterben und Morden gehen soll. Diese Idee – also die der Demokratie, nicht unbedingt die mit den Tonscherben – war so eindrucksvoll, dass das nächste in Europa weltberühmte Reich, das römische, sie übernahm und mit ihr erfolgreich expandierte. Auch weil man flexibler mit Eroberten und Sklaven umging, zum Beispiel, indem man demokratisch abstimmte, ob sie in einer brutalen Kampfarena doch noch sterben sollten, selbst wenn sie vorher Raubkatzen niedergerungen hatten.

Als ein römischer Volksvertreter aber beschloss, dass das Volk fürderhin nur noch durch ihn vertreten werden möchte und später noch der effiziente Opportunismus der christlichen Religion hinzukam, herrschten in Europa und Umgebung doch wieder sehr lange Männer, die sich mindestens namentlich an diesem Kerl namens Cäsar orientierten. Und zwar undemokratisch. Sie scherten sich wenig um die Mitsprache derer, die sie vertraten. Denn mit dem Christentum, konkreter: mit Paulus' Kampfjesustum, war ein Kontrollsystem gefunden, das das Versagen des Herrschers, jemanden mit Essen zu versorgen, als Strafe für individuelles Versagen der Beherrschten durch eine höhere, jenseitige Macht dastehen ließ. Alles war Gottes Plan und / oder *Deine Schuld*.

Den christlichen Cäsaren reinreden durften höchstens Gottesvertreter, vor allem die Päpste, Alleinherrscher des Katholizismus, einem psychisch labilen Bund religiöser Männer (und ein paar Frauen), der Gott als multiple Persönlichkeit ausstellte. Sie waren eine Art zweite, überregionale Instanz zur Regulierung der mächtigen Herren. Die einen waren von Gott auserwählt, so zu herrschen, wie sie wollten, die anderen waren für Momente identisch mit Gott, um Grundsatzfragen der Herrschaft zu klären – ein trotz zahlloser Kriege und Nöte erstaunlich lange stabiles System.

Von dieser Entwicklung weiß die heutige Menschheit, die mehrheitlich noch immer von europäischstämmigen Männern regiert wird, die sich wenig um die Interessen der Regierten scheren – aber immerhin demokratisch –, übrigens nur, weil immer wieder andere Männer, die gerne regiert hätten oder aus anderen Gründen an den Cäsaren hingen, so einiges notierten. Mal taten sie es offiziell, also im Sinne des Herrschers, mal heimlich, wenn der Herrscher vom nächsten abgelöst zu werden drohte.[89]

Dies ist erneut sehr eurozentrisch erzählt. In anderen Regionen des Planeten entwickelten sich Religion wie Machterhalt sehr unterschiedlich. Aber immerhin eines kann man für nahezu alle historischen und aktuellen Gesellschaften festhalten: Sie wurden regiert von Männern.

Die allermeiste Menschenzeit regierten fast überall auf der Erde solitäre Männer, unanständig verwöhnte zudem,

....

89 Zwischenfrage: Gilt das auch oder so ähnlich für den muslimischen Teil der Welt? Was ist mit den Stämmen auf dem amerikanischen Kontinent? Gibt es in Asien genügend Götter, mit denen sich Ähnliches bewerkstelligen lässt? Oder ignorieren wir das?

die ihre Macht fast immer von imaginären Männern ableiteten, die zusammenfassend als Götter bezeichnet werden können. In Südamerika zum Beispiel waren darunter aber auch ein paar imaginäre Frauen. Was es nicht zwingend erfreulicher machte: Diese Göttinnen mochten es offensichtlich auch sehr, wenn ihnen Menschen geopfert wurden. Zum Beispiel, indem man diesen lebendigen Leibes das Herz herausriss. Das klingt erst mal grausam (war es auch), aber es war offensichtlich sehr motivierend. Inka, Maya und Azteken waren so sehr mit Herzblut bei der Sache[90], dass sie riesige Gebäude für ihre Gött:innen schufen, perfekt nach den Himmelsrichtungen konstruiert.

Doch schon ist die Reise außerhalb Europas zu Ende, denn irgendwann kamen die Europäer mit ihrem einen multiplen Gott und jeder Menge mächtiger Pferde und Kanonen – und herrschten von da an auch in Südamerika. Und nicht nur dort. Praktisch auf dem ganzen Planeten. Na ja, zumindest überall dort, wo sie nicht komplette Völker ausrotteten – die sie dann notgedrungen nicht mehr beherrschen konnten.[91]

Die Selbstverständlichkeit der Macht (und sei es nur in der kleinsten Einheit menschlicher Organisation: der Familie) ist einer der vielen Vorzüge des Mannseins, das die Menschheit über die Jahrtausende weltweit als Ideal etabliert hat. Gemeint ist dabei natürlich das heterosexuelle Mannsein – das

....

90 Spitzen-Wortspiel, Chef. Respekt!

91 Ah! Damit wären unsere Fragen halbwegs beantwortet. Danke, Chef!

Paket aus Geschlecht und Sexualität, bei dem stets die Vorteile bei weitem die Nachteile überwogen. Gut, egal, in welchem Menschenjahrzehnt, auf welchem Erdengrund man als Mann lebte, die Gefahr war groß, Soldat sein zu müssen, wie gesagt – aber so zu tun, als sei für alles Weiblichere als das Soldatengezücht Krieg harmloser, wäre nun auch dumm.

Und auch für Friedenszeiten gilt: Kinder gebären zu können – eigentlich eine beneidenswerte Art Superkraft – war stets ein Nachteil. Der Heteromann, der sich fast nie groß um körperliche Folgen des Sexualakts scheren musste, hat sogar aus diesem ursprünglichen menschlichen Ereignis der Geburt vor allem etwas gemacht, bei dem Mütter still zu funktionieren haben, obwohl es sich um einen körperlich denkbar brutalen Vorgang handelt. Grob gesagt war für Frauen sowohl das Gebären eine Gefahr als auch die Unfruchtbarkeit – und die Männer sorgten jeweils dafür.

Der Körper des Mannes, dieser aufgemotzte Sack Samen, ist vergleichsweise wenig gefährdet. Dafür sorgen auf ihn ausgerichtete gesellschaftliche Ertüchtigung, Entspannung und Behandlung, die dem Mann ermöglichen, seinen Spaß in lustgesteuertem autodestruktivem Verhalten zu suchen. (Hetero-)Mannsein ist die phantastische Reise in einem verrückten Körper, ein Pendeln zwischen einem selten gestraften Arschlochsein und hoch gepriesenen Bisschenwenigerarschlochsein.[92]

Europa ist der Mann unter den Kontinenten. Allein schon,

....

92   Bisher bestes Kapitel, oder? Gut gemacht, Chef.

weil es sich für größer hielt und hält, als es tatsächlich ist. Dabei kann man getrost fragen: Ist Europa überhaupt ein richtiger Kontinent? Auf Google Earth sieht es eher aus wie die winzige Westspitze Asiens. Doch wird dann gerne eurosplaint: Urkontinente, Ural blabla. Aber historisch betrachtet wirkt es schon so, dass die Menschen des Kontinents, die diese Karten erstellt und Kontinente bestimmt haben, zu dem Ergebnis kamen: Der kleine Fleck da, von dem wir kommen, das ist aber auch ein eigener Kontinent!

Das klappte unter anderem so gut, weil die Europäer – die teilweise mit nur drei Schiffen halbe echte Kontinente für sich einnahmen und die dort lebenden Menschen massenweise töteten – den alten Trick, unterworfene Menschen zu Sklaven und damit zu Tieren zu erklären, globalisierten. Kurz: Sie erfanden das Weißsein, indem sie bei ihrer Welteroberung alle anderen zu unterschiedlich Farbigen machten.

Ein herrlicher Trick: Erst seinesgleichen zur Spitze der Menschenkultur machen, weil mal wieder ein Gott es so will, und dann alle, die man als anders ansieht, zu Tieren, indem man das tierische Zuchtkonzept namens »Rasse« vermenschlicht. Mit dem Ergebnis, das bis heute nur diejenigen, die sich weiß fühlen und auch so angesehen werden, sich durchweg als menschliche Individuen fühlen können, während alle anderen zu Repräsentanten einer im Zweifel als minderwertig angesehenen Gruppe werden. Weißsein bedeutet seither, Richter und Henker in einem sein zu können. Mindestens polizeilich uniformiert, aber auch in Zivil, weil die rassistische Tat fast ausnahmslos als Folge individueller Verirrung oder Krankheit gedeutet wird und also menschlich verständlich ist und somit nicht so hart bestraft werden muss wie Taten aus Wut über rassistische Verhältnisse.

Aber auch all diejenigen Weißen, die nicht (mehr) Henker sein wollen, bleiben Richter. So sehr haben sie verinnerlicht, als komplexes Einzelnes über imaginiert Kollektives urteilen zu dürfen, dass sie auch in ihrer Solidarität lieber übergriffige Ratschläge erteilen, als zuzuhören. So angenehm fern ist dem Weißen die Last des Pauschalurteils, dass er obendrein bei harscher wie konstruktiver Kritik selbst zum Opfer, dem vermeintlich größten, wird.

Dann ruft er irgendwas mit Rassismus gegen Weiße, weil das theoretische Ideal, er sähe alle Menschen gleich, dem er praktisch nie zur Umsetzung verhelfen wollte und will, enttäuscht wird von denen, die ständig zu spüren bekommen, wie ungleich der Wert eines Menschen tatsächlich bemessen wird. Gäbe es Rassismus gegen Weiße tatsächlich, wüssten Weiße, was Rassismus bedeutet und kämen nicht unbedingt auf die Idee, anderen Diskriminierten hochnäsig in den Umgang mit ihrer Diskriminierung zu pfuschen.[93]

Rassismus gegen Schwarze bedeutete erst mal etwas ganz anderes als gruppenbezogene Urteile und ist höchst unangenehm mit der berühmten Demokratie (bekannt vom Anfang dieses Kapitels) verbunden. Als die Europäer nämlich aus internen, meist religiösen Gründen auf einen dieser angeblich neuen Kontinente zogen (sie nannten ihn nach Amerigo

....

93 Hui, das klingt alles ganz schön kompliziert. Aber wird
     schon stimmen, Chef!

Vespucci »Vesputien«, Quatsch: »Amerika«), schleppten sie viele Afrikaner gegen deren Willen mit und wiederholten den alten griechischen Scherz mit den Sklavenhaltern, die frei von Tyrannei sein wollten. Nebenbei ermordeten sie langsam aber stetig die Menschen, für die der Kontinent nicht neu gewesen war.

Dafür schrieben sie sich eine bis heute einflussreiche und im internationalen Vergleich ziemlich gelungene Verfassung – das ist eine grundlegende Regelung des Handels der Vielen mit den Wenigen bezüglich Brot, Tod und Sex – mit dem herrlichen Grundmotiv, dass alle Menschen frei und gleich sind. Wobei »Mensch« leider Frauen und Nicht-Weiße nicht ganz so direkt meint. Trotzdem waren mit dieser Verfassung einige idealistische wie kluge Ideen aufgeschrieben und Regeln gesetzt, die die Emanzipation vieler zu befeuern vermochte und vermag – auch gegen alles, was die Verfasser dieser Verfassung in der Realität waren. Schade, dass dem Sapiens die Zeit nicht bleibt, um herauszufinden, ob dieser Text jemals seinem Ideal wirklich nahekommen wird.[94]

Diese amerikanische Verfassung war auch so einflussreich, weil sie so wie ähnliche, sehr gut allen Handel organisierte (was vor allem bedeutet: ihm Freiheit in der Ausbeutung von Boden und Mensch zu geben). Der Warentausch gegen Geld, seit den Stadtstaaten eine Notwendigkeit bei

....

94   Ist das jetzt eigentlich die Errungenschaft dieses Kapitels?
     Die amerikanische Verfassung?

der Sicherung der Nahrungsverteilung, fing seit der effizienten Verwertung von Kohle per Dampfmaschine an, immer aggressiver allen Bereichen vorzustehen, ja sie zu beherrschen. Die Erfindung der Dampfmaschine hatte Großbritannien einen mächtigen technischen Vorsprung verschafft, der die kleine Insel, die zuvor schon recht erfolgreich andere Länder in Besitz genommen hatte, zum weltbeherrschenden Imperium machte. Mit der Kraft der Dampfmaschine wiederholte sich für den Sapiens die Erfahrung mit dem Weizen und der Sesshaftigkeit. Was für den Einzelnen erst einmal vor allem schlechtere Gesundheit bedeutete, war für die Spezies insgesamt ein Vermehrungsbeschleuniger. 12 000 Jahre zuvor waren die Menschen mit der Feldarbeit zwar individuell schlechter ernährt, bekamen aber die Energie für mehr Individuen der Spezies. Mit der kanalisierten Kraft der Verbrennung wurde der Großteil der Menschen, zuerst auf der britischen Insel, noch härterer Arbeit ausgesetzt und vor allem individuell hoch schädlichen Abgasen und anderen Giften, doch entstand so die Energie für die Modernisierung aller Lebensumstände. Mit der Energie der Maschinen wurden nicht nur Menschen verheizt, sondern auch die Ressourcen frei, zu forschen und zu erfinden. Im Windschatten dessen, was Kapitalismus genannt wird, konnte die Spezies fast den ganzen Planeten für eine Weile vermeintlich kontrollieren und erstaunlichste Medizin, Technik und Ernährungsindustrien schaffen. Bis offensichtlich wurde, dass das alles über die Verhältnisse der Erde ging.

Weil sich aggressiver Handel als guter Begleiter von Welteroberung erweist und der Schicht, die nicht arbeiten muss, damit sie die Macht organisieren kann, viel Spielraum gibt, waren in England und Umgebung schon früher eine Art demokratische Verfassung entstanden. Jedoch ohne sich der Spätcäsare zu entledigen. Im Gegensatz zu ihren späteren Weltherrschaftserben aus den Vereinigten Staaten von Amerika oder Frankreich.

Man merkt: Wir sind schon in der Zeit der Nationalstaaten angekommen. Aus den fluiden Reichen der Jahrtausende zuvor (Herrscher zogen gerne herum, um zu schauen, was alles ihnen gehört und was noch dazukommen könnte) waren, vor allem in Europa, vermeintlich homogene Staaten mit festen Grenzen geworden. Wobei feste Grenzen vor allem bedeuteten: mehr Gewalt beim Verschieben dieser. So begeistert waren die Europäer von ihren Nationalstaaten, dass sie in Afrika einfach welche per Lineal erschufen.

Aber noch mal einen Schritt zurück – Handel und Spätcäsare! Als diese nämlich in Frankreich den Hunger nicht mehr wegbeten lassen konnten (nicht zuletzt aufgrund einiger ketzerischer Ideen, die sich nicht nur, aber maßgeblich aus dem Antikatholizismus eines Martin Luther ergeben hatten), rebellierte die Bevölkerung Frankreichs gegen die alleinherrschenden Herren und guillotinierte eifrig weg, was dieser alten Ordnung (und mancher Variante der neuen) diente. Als man dann eine neue Ordnung besprach, saßen rechts die, die es weiter mit Hierarchie und Ungleichheit hielten, weil die Menschen nun mal unterschiedlich und damit unterschiedlich wertvoll seien. Links saßen die, die grundsätzliche Gleichheit unterschiedlicher Menschen wollten, also grundsätzliche Gleichheit vor allem von weißen Männern natürlich. Brüderlichkeit nannten sie das, auf Französisch aber. Mit links und rechts war somit die politische

Konfliktbeschreibung für den kurzen Rest der Menschenzeit gefunden.

Was dann in Frankreich und der Welt passierte: Die Herrschaften, die den Handel beherrschten, schufen sich eine Ordnung, die den Handel zum Ideal machte, zwar mit dem ein oder anderen Rückfall in die Monarchie, aber unaufhaltsam. Am erfolgreichsten, wie gesagt, in Verigoland.

Nicht ganz einverstanden mit dem Primat des Handels zeigte sich mitten in diesem Prozess ein Mann, der in Frankreich ganz weit links gesessen hätte. Er hieß Karl Marx, und sein Werk lässt sich ungefähr so zusammenfassen: »Die Philosophen haben die Welt nur verschieden interpretiert; es kommt aber darauf an, sie zu verändern – deswegen schreibe ich jetzt erst mal mühsam über Jahrzehnte ein hochkompliziertes Mammutwerk.«

Trotzdem war seine Beobachtung ausgesprochen erfolgreich, dass die Geschichte der Menschheit eine der Klassengesellschaften (rechts) gewesen sei und darauf eine klassenlose (links) zu folgen habe (beziehungsweise, weil er trotz starker Ablehnung von Religion über die Hegel'sche Philosophie vom – letztlich christlichen – Weltgeist schon auch ein wenig magisch dachte: folgen wird). Diese vermeintlich wissenschaftliche Hoffnung war so erfolgreich, dass sogar das riesige und alte Reich China sich erstmals nach Jahrtausenden erfolgreicher Abgrenzung davon beeinflussen ließ. Der Welteroberungsdrang der Europäer hatte China gerade mal ein paar Städte gekostet, das kommunistische Manifest aber gleich die gesamte Ordnung, weil sich ein Erfolgslyriker namens Mao der Geschichte annahm. Erst später merkte China, dass es ohne Teilnahme an der kapitalistischen Konkurrenz nicht geht, und schuf einen von einer Partei gesteuerten Kapitalismus, der zwar einen großen Teil des Hungers und der Armut der Chinesen minderte, aber das nur durch den größten Beitrag zur Zerstörung des Klimas in den letzten Jahrzehnten der Menschenzivilisation. Womit zwei Dinge offensichtlich wurden: Kapitalismus benötigt keine Demokratie (wie seine Fürsprecher gerne glauben wollen). Und: Die Utopie, das anhaltende Wachstum dessen, was unter »Wirtschaft« subsumiert wird, würde irgendwann die gesamte Menschheit versorgen. Bis zum Ende der Zivilisation wird es der Sapiens nicht geschafft haben, weniger als zehn Prozent seiner selbst nicht hungern zu lassen.

Aber zurück zu Marx und Folgen: Es hatte sich noch ein anderes rabiates marxistisches Riesenreich neben beziehungsweise vor China gebildet. Es hieß Sowjetunion und stand vor allem in Konkurrenz zum dann Ex-Sklavenhalterreich USA. Wenig hatten die beiden Reiche gemeinsam – die einen setzten auf aggressiven Handel, die anderen auf aggressiven Nichthandel –, doch waren sie einmal gemeinsam sehr nützlich. Nämlich dabei, das Land aufzuhalten, aus dem Karl Marx stammte. Womit wir endlich wieder zum nationalstaatlichsten aller Nationalstaaten kommen: Deutschland. Dort hatte sich nämlich die brutalste Opposition zu den Ideen des etwas verschrobenen Herrn Marx ergeben.[95]

Die Nationalsozialistische Deutsche Arbeiterpartei, das

....

95 Huhu. Dieses Kapitel verschlägt uns einigermaßen die Sprache. Mach Du mal weiter, Chef!

sagt schon der Name, wurde als Kampfprojekt gegen den internationalen Kommunismus gegründet. Der »Dolchstoß«, die angeblich so schlimmen Erfahrungen der Münchner Räterepublik und die Angst vor den in Russland unheimlich erfolgreichen Bolschewisten trieben die Nazis an. Ihr offensichtlicher Antisemitismus war erst mal nachrangig, erwies sich aber schnell als Trumpf, weil man sich mit ihm antikapitalistisch geben konnte, ohne kommunistisch sein zu müssen. Die Behauptung, die Juden stünden hinter allem, Kapitalismus wie Kommunismus, und ohne sie werde alles toll, genügte im Land der Dichter und Denker, um Massen zu mobilisieren und die Macht zu übernehmen. Dabei war das alles nicht viel mehr, als das imperialistisch biologisierte Weißsein mit dem christlich tradierten Antijudaismus zu verbinden, das Gemisch noch mal zu radikalisieren, ein paar Ideen von Marx zu kopieren und dort, wo »Klasse« steht einfach »Rasse« einzusetzen.

So ziemlich alle christlichen Sekten mochten keine Juden, aus verschrobenen religiösen Gründen – aber auch, weil jede Gesellschaft, die sich als göttlich gewollt oder perfekt imaginiert, jemanden braucht, der für die unerwünschten Fehler büßt. Die Nazis machten daraus den universalen Sündenbock. Mit menschheitshistorisch einmalig schrecklichen Folgen, mit der einzigen industriellen Massentötung von Menschen.

Der brutale antikommunistische und noch mehr antisemitische Rachefeldzug für den verlorenen Ersten Weltkrieg (ein Ergebnis der euphorischen Nationalstaaterei) war auch möglich, weil die kriegsmüden beziehungsweise -scheuen kapitalistischen Mächte Großbritannien und USA den gemeinsamen Feind im Kommunismus erkannten und deswegen den Feind des Feindes erst mal machen ließen. Auch im entfesselten Vernichtungskrieg lehnten sie sich so lange zurück, bis die Sowjetunion (die dank stalinistischen Industrialisierungsterrors zu einem wichtigen und gefährlichen Unternehmen auf dem Weltmarkt geworden war) mit Hilfe einer Materialschlacht und 20 Millionen Menschenleben Nazideutschland wesentlich geschwächt hatte. Es war nicht ganz unpraktisch, dass der eigentliche Feind derart traktiert wurde, aber gewinnen durften die Nazis auch nicht. Der kurze gemeinsame Kampf und Sieg ließ der »ersten Welt« die Sowjetunion noch weltmächtiger erscheinen und bescherte dieser ein Einflussgebiete bis in die Mitte Europas.[96]

Also entschied man sich, Deutschland nicht komplett zu zerschlagen, wie es sich es redlich verdient hatte, sondern seinen Teil mit Marshall-Plan und rascher »Entnazifizierung« gegen die bis Berlin gelangte Sowjetunion in Frontstellung zu bringen. Dabei entstand im Westen Deutschlands ein Grundgesetz aus Weimarer, nationalsozialistischen und marktwirtschaftlich-liberalen Paragraphen und Parteien wie die FDP, die nationalsozialistisches Erbe (vor allem im Personal) mit dem neuen, dank Niederlage unausweichlichen Wirtschaftsliberalismus angloamerikanischer Prägung versöhnten – es ging ja weiter gegen den gemeinsamen Feind.

Das mit dem Antisemitismus erledigte sich praktisch wie

....

96   Herrje! Wann kommt denn die Errungenschaft?

von selbst; es gab ja kaum Juden mehr, an dem er sich aus-
agieren konnte. Er überlebte unter der Oberfläche eines ritu-
ellen Niewiederwehretdenanfängen. Außerdem gab es genug (nicht zuletzt Linke), die ihn in einen vor allem kulturell
geprägten Antiamerikanismus integrierten. Und so entstand
eine westdeutsche Demokratie, aus deren neuem Antikommunismus immer wieder der alte hervorbrach.

Währenddessen legte die DDR (das war die bolschewisti-
sche Version der Verwahrung und Zivilisierung eines weltberühmten Nazivolkes) 1961 nach einem PR-Stunt, auf den
selbst die Agenturen des Westens neidisch sein mussten,
unabsichtlich den Grundstein zum wertvollsten Bauwerk
der deutschen Nachkriegsgeschichte (und nach den subjektiven Regeln dieses Buches somit auch der Menschheitsgeschichte): der Mauer.[97] Und hat sie dann in einem Tempo
fertig gebaut, das spätere großdeutsche Flughafen- und Phil-
harmoniebauer beschämt.

Die DDR leistete sich damit etwas aus ihrer Sicht Vernünf-
tiges: eine mächtige Grenzanlage, die ihre mühsam aus-
gebildeten Fachkräfte daran hinderte, in die BRD (das war
die kapitalistische Version der Verwahrung und Zivilisierung
eines weltberühmten Nazivolkes) zu hopsen. Die bekam,
dank des Marshall-Plans, nämlich nach dem von den Deutschen geführten Vernichtungskrieg Geld aus den USA zum
Wiederaufbau, während die DDR Reparationen an die Sowjetunion leisten musste. Auch blockierte die Mauer den

....

97   Ist das jetzt die Errungenschaft? Ernsthaft?

Zufluss von Agenten aus dem Westen; schließlich war Deutschland die Front des Kalten Krieges, und CIA und Co. benötigten Herausforderungen.

Die DDR schuf so eine Skulptur ihrer (nicht ganz unberechtigten) Paranoia und konnte mit ihr den eigenen Verfall – infolge ihrer Unterlegenheit auf dem kapitalistischen Weltmarkt – ein paar Jahrzehntchen hinausschieben. Mit Überheblichkeit könnte man aus der Rückschau sagen: Diese Niederlage war absehbar; auf dem Weltmarkt kommt man einfach zu nichts, wenn man nicht konsequent von Sklaven- und Kinderarbeit profitieren will oder die Arbeiterschaft nicht dazu zwingt, während der Arbeitszeit – Pausen sind schließlich profitmindernd – in Flaschen zu urinieren. Kurz: Weder Walter Ulbricht noch Erich Honecker hatten das Format eines Jeff Bezos – und das war unter den gegebenen Bedingungen wohl eher zum Nachteil der Belegschaft des volkseigenen Betriebs.

Dafür war Ulbrichts Mauer ein nicht zu unterschätzender Vorteil für die Westdeutschen. Sie hinderte zum Beispiel die BRD daran, so etwas Törichtes anzustellen, wie Berlin zur Hauptstadt zu machen (so blöd war nur die DDR). Vom öden Bonn aus ließ sich der einstige Marktführer in Weltkriegsniederlagen nur provinziell und einigermaßen friedlich regieren. Mit der Mauer im Osten und Bonn als Hauptstadt des Westens war Deutschland so groß, wie es für diesen Planeten gerade noch zu ertragen ist. Außerdem gab es später nie wieder eine so schöne Politberichterstattungsphrase wie »Endlich handelt Bonn«.

Mit der Mauer schuf die DDR auch die vermutlich einzige erträgliche Version der größten deutschen Stadt in ihrer

Geschichte: Westberlin. Eine Insel im Feindesland, in die Kriegsdienstverweigerer und Romantiker aller Art flüchten und sich der Illusion hingeben konnten, die besseren Kommunisten zu sein. Oder anders formuliert: Im Schatten der Mauer war Berlin so unfaschistisch, wie es in Deutschland eben geht.[98]

Aber nicht nur der westdeutsche Rebell profitierte von der Mauer, auch für den Reaktionär war sie erfreulich, der mit ihr eine Projektionsfläche für die vermeintliche moralische Überlegenheit der eigenen Ideologie erhielt. Noch Jahrzehnte nach dem Ende aller möglicherweise erfreulichen Alternativen zum Kapitalismus, ist die bürgerliche Geilheit ausgeprägt, den einstigen Klassenfeind noch einmal zu besiegen. Überdies entlastet es einen so wohlig von der Beschäftigung mit der in allen Parlamenten sichtbaren Rückkehr der Nazis.

Das soll nicht heißen, dass die Tötung von Menschen, die ihr Land verlassen wollen, bloß eine Kleinigkeit sei. Man muss an dieser Stelle nicht, wie es der gute Linke gerne tut, die Toten an den Außengrenzen der deutschen Europäischen Union dagegenrechnen. Denn auch wenn im Mittelmeer manchmal an einem einzigen Tag die Todeszahlen erreicht werden, die für die gesamte Zeit der Existenz der Mauer (28 Jahre) errechnet worden sind, verfehlt eine solche Aufrechnung den Punkt. Im Grunde verwirklichte die Mauer den

....

98 Die Mauer ist wirklich die Errungenschaft. Wir wissen nicht, ob wir das unterstützen können.

urdeutschen Traum schlechthin: Wirtschaftsflüchtlinge erschießen zu können. Zu beklagen war zu Mauerzeiten doch nur, dass es deutsche waren.

Der westdeutsche Kleinbürger vermisst die Mauer nur heimlich, aber er vermisst sie zu Recht: Mit ihr verbunden war die Drohung einer proletarischen Diktatur, und sie machte das Leben, das hinter ihr seinen Lauf nahm, undurchschaubar und erlaubte gruselige Projektionen. Diese sorgten im Westen für eine Hegemonie der Sozialdemokratie, die das Leben im Kapitalismus für viele kurz ein wenig erträglicher machte. Als die Mauer dann verschwunden war, wurden alle Parteien zur FDP, allen voran die SPD, die prompt mit Hilfe der Grünen dem, was einmal das Proletariat war, die letzte Würde nahm.

Wie viel besser wäre alles, stünde die Mauer noch! Hätte die DDR sich nicht in ein zweites deutsches kapitalistisches Experiment verwandeln können, in eine Art europäisches China mit Billigarbeit für die BRD? Das wäre zwar nicht so weit von der jetzigen Realität entfernt, aber der Welt wäre einiges an deutschem Großmachtgetue erspart geblieben, weder Austeritätspolitik noch das europäische Grenzregime hätte es gegeben. Auch den notgedrungenen Respekt für das politische Glück eines tumben Pfälzers und neoliberalisierte Sozialdemokraten und entpazifizierte Grüne, die mit Auschwitz Militärschläge begründen, hätte niemand ertragen müssen.

Oder vielleicht besser noch: Hätte die DDR nicht gleich den Herren der Sowjetunion sagen können: Wenn schon Kapitalismus, dann Mafia! Wie viel mehr Spaß hätte man am Oligarchen Egon Krenz gehabt als am Oligarchen Gerhard Schröder! Überhaupt wäre manche Personalie erträglicher.

Immerhin verhinderte die Mauer lange Zeit erfolgreich, dass Joachim Gauck einfach so durch die Welt reisen konnte. Als Staatsoberhaupt zudem. Und ohne ihren Fall wäre es undenkbar, dass noch 2021 ein Mann wie David Hasselhoff um die Impfbereitschaft deutscher Dödel werben durfte – erfolglos.

Außerdem hätte es nie die dumme Phrase von der »politischen Korrektheit« gegeben. Mit dem Zusammenbruch der Mauer und damit auch der an ihrem Anspruch, hehre Theorie Praxis werden zu lassen, gnadenlos gescheiterten Sowjetunion und der einhergehenden Aufgabe aller Utopien, die den Kapitalismus zu überwinden wünschen, richtete sich der nun objektlos gewordene Antikommunismus bald gegen alles, was irgendwie noch links erschien: Ansprüche Marginalisierter etwa, die im erlernten Furor des Antikommunismus gleich als diktatorische linke Macht phantasiert wurden. Diese Phantasie wurde dann »politische Korrektheit« getauft. Das ist zwar eine Wortkombination, die niemand bei vollem Verstand ernsthaft nutzen kann. Das Politische ist Verhandlungssache, Korrektheit ist binär. Wer beides kombiniert, und also Fakten zur Verhandlungssache erklärt, kann es nur ironisch oder diffamierend meinen. »Political correctness« war die etwas elegantere Vorstufe zu Trumps »Fake News«-Geheul und der Vorläufer einer genauso dünn behaupteten »Cancel culture«- die vor allem daraus bestand, dass Leute öffentlich klagten, dass sie öffentlich nichts mehr sagen dürften.

Aller Wahrscheinlichkeit nach stammte der Begriff der »politischen Korrektheit« aus dem Umfeld US-amerikanischer Kommunisten (ja, so etwas gab es auch), die ihn in den achtziger Jahren als Spott für besonders linien-, also moskautreue Genossen verwendeten. Dass »political correctness« dann mit dem Ende der Sowjetunion eine steile internationale Karriere machte, war kein zeitlicher Zufall, sondern lag daran, dass mit ihr und der Verspottung politischer Ansprüche die nun objektlos gewordenen Red-scare-Taktiken über das »Ende der Geschichte« (Francis Fukuyama) hinausgerettet werden konnten. Denn es gibt keine Freiheit im Kapitalismus ohne die Klage über die echte oder vermeintliche Unfreiheit seiner Gegner.

Da es aber keine ernsthaften Gegner des Kapitalismus mehr gab, wurde mit der Rede von politischer Korrektheit diffamiert, was nichts anderes als Politik im Wesentlichen ist: der Kampf um Repräsentation und Mitsprache. Und zwar derjenigen, die in den nationalen Marktgesellschaften Verlierer bleiben sollen: Frauen, Homosexuelle, Rassifizierte, Zugezogene und so weiter. »Politische Korrektheit« fasst die Ansprüche dieser »Anderen« zusammen und versucht sie zu einem Witz zu machen und jeden der »Eigenen«, der Empathie aufbringt, zu einer Witzfigur. Dabei gibt es diese Homogenität nicht, sondern nur auf verschiedene Arten Diskriminierte und Marginalisierte, die im besten Falle auch mal gemeinsam kämpfen.

Es ist vielleicht etwas kühl gedacht: Aber mit Mauer wäre all das nicht passiert. Und es ist zwar traurig, aber: Als die Mauer noch stand, hatte die politische Weltordnung ihren Höhepunkt in circa 5000 Jahren.[99]

....

99   Wir kündigen!

Platz 5

Um die Geschichte der menschlichen Namen zu erzählen, muss man gar nicht so weit ausholen.[100]

Der Mensch hat für alles Namen, aber zuerst einmal für sich selbst. Die Vervielfältigung eines Ichs in der Kunst benötigte ein Bewusstsein für das Selbst. Namen schaffen ein Ich. Sie dienen dem gleichen Zweck wie Schmuck. Per aneignender Variation des Vorhandenen sich sowohl einer Gruppe zugehörig zu machen, als auch sich in dieser als Individuum abzugrenzen. Als er es aus dem Ungefähren der tierischen Laute zur Präzision des sprachlich Artikulierten geschafft hatte, gab sich der Sapiens also wohl alsbald auch Namen.[101]

....

100 An dieser Stelle müssen wir mit Bedauern feststellen, dass die Firma FußNOT ihren Aufgaben nicht gewachsen war. Die Kündigung wäre nicht nötig gewesen. Nach Ablauf des Probekapitels wäre die Zusammenarbeit ohnehin nicht verlängert worden. Künftig werden die Fußnoten von ausgewählten Gastbeiträger:innen betreut. Gez. die Geschäftsleitung

101 Schönen guten Tag, mein Name ist Horst Seehofer. Ich war mal Bundesminister für Heimat und weiteres, ja haha. Das war was! Das war ganz schön anstrengend. Ich musste in Berlin wohnen. Mit Blick aufs Kanzleramt. Ständig eine Frau im Blick, die mich manchmal echt zum Wahnsinn gebracht hat. Aber irgendwann hat sie mich einfach mein Ding machen lassen. Und dann war es irgendwie okay.

So wurde das Sippentier Sapiens zur Ansammlung von Individuen, die früher oder später mit ihren Namen vor allem geschäftsfähig wurden.

Der älteste schriftliche Beleg eines Menschennamens ist etwa 5000 Jahre alt, es ist die Unterschrift »Kushim« unter einer Gerstenbestellung auf einer Tontafel. Namen, so viel kann man daraus lernen, sind vor allem notwendig, um Bier zu bestellen.[102]

Womöglich ist aber auch »Iri-Hor« der älteste festgehaltene Name. Diese Lautfolge – beziehungsweise die Bildfolge Horusfalke-Mund – bezeichnete womöglich einen prädynastischen ägyptischen Pharao vor fast 6000 Jahren. Aber man weiß es nicht genau, vielleicht war es auch nur eine Art Stempel »Besitztum des Königs«.

Viele schöne Namen fanden Menschen für ihre Nachkommenschaft in den folgenden Jahrtausenden: Aristo-

....

Aber andere beobachten einen natürlich auch. Und legen alles auf die berühmte Goldwaage. Jeder Witz, und sei es nur einer über Abschiebungen nach Afghanistan, wird kritisch beäugt. Na ja. Nun habe ich aber endlich wieder Zeit für kleine Freuden. Sachen wie Modelleisenbahnen. Oder so etwas wie die Fußnoten zu diesem Kapitel zu betreuen. Und falls Sie sich fragen, warum ich in einem solchen Buch mitmache, wo ich doch bekannt dafür bin, wegen Satirischem auch mal mit Anzeige zu drohen? Ja mei, also ich bin vieles, aber sicher nicht leicht berechenbar.

102 Das fängt doch schon mal fein an. Bier. Ein Weizen für mich, bitte!

phanes, Kleopatra, Caligula, Acht Hirsch Jaguarkralle, Wu Zetian, Pippin der Bucklige, Jeanne d'Arc, Abraham Lincoln, Iosseb Bessarionis dse Dschughaschwili, Margaret Thatcher oder Hackl Schorsch[103], um nur einige wenige zu nennen. Zum wahren Höhepunkt des Benamens kam es aber erst in einer Art Zirkelschluss mit einer subtilen »Iri-Hor«-Variante: Horst.[104]

Ja, Horst ist womöglich der beste Name, der je erdacht und vergeben wurde. Allein schon deshalb, weil aber auch jeder Horst exakt so handelt, spricht und aussieht wie ein Horst eben. Über, sagen wir: Isabellas ließe sich so etwas nicht so leicht sagen.

»Horst« bezeichnet vieles: Wuchsformen von Pflanzen, Greifvogelnester, geologische Verwerfungen, eine kurkölnische Unterherrschaft[105], doch nur in der Markierung eines deutschen Mannes findet diese aus dem runden Wohlklang ins Zischen knallende Schallreihung ihre wahre Bestimmung. Obendrein ist jeder Horst, der einem spontan einfällt, ein maximaler Horst: Horst Lichter etwa, das deutsche Es, der Horrorclown aus dem Fress- und Antiquitäten-TV. Wenn man auch nur einmal in »Bares für Rares« versehentlich reinschaut, macht dieser Horst garantiert so etwas: Einen zum

....

103   Ha, der Hackl Schorsch – ein Pfundskerl!

104   Ach, das ist jetzt aber ein Zufall. Horst! Und das an meinem Geburtstag. Das hatte ich nicht bestellt.

105   Was immer das ist. Aber Hauptsache Horst!

Verkauf eines Gemäldes angetretenen Stiefvater zu dessen offensichtlichem Unwohlsein zu fragen, ob die neben ihm stehende, deutlich jüngere Stieftochter nicht wohl die werte junge Gattin sei.[106]

Aber das ist natürlich nichts gegen den größten Horst aller Horste: Horst Seehofer.[107] Er ist zugleich fahrig onkelhaft und ganz konkret ein schrecklicher Mensch – horstiger geht es kaum.[108] Seehofer hat nicht die geringsten Probleme damit, sich öffentlich darüber zu freuen, dass zu seinem 69. Geburtstag 69 Afghanen in ihre für sie potenziell tödliche Heimat abgeschoben werden. Denn für diesen Horst, der ein aufgeblasenes Innenministerium zum Heimatministerium gemacht hat, ist Heimat immer gut. Vor allem, wenn sie für Menschen, die nicht Horste sind, Unglück bedeuten.[109]

Und er gehört zu einer Partei, die wie keine die gesamte politische Geschichte der Spezies in sich zu vereinen weiß: die CSU. Sie sitzt in allen blinden Flecken der demokratischen Praxis, für alle sichtbar – und geht doch stets als demokratisch durch. Sie herrscht in ihrem Bayernland fast so unangefochten wie einst die SED in der untergegangenen deutschen Demokratierepublik und ist dabei viel erfolgrei-

....

106 Na, das ist jetzt aber ein wenig unfair. So etwas kann doch jedem Horst mal unterlaufen.

107 Huch.

108 Soll das jetzt ein Kompliment sein?

109 Jetzt aber mal langsam, so haben wir nicht gewettet.

cher in der Vermengung von Staat, Partei und Wirtschaft. Sie hat fröhlich mit einem Apartheidsregime paktiert und auch sonst kaum Rassistisches ausgelassen. Ja, sie sagt ganz offen: Rechts von uns darf es nichts geben, sprich: Wir sind so nazi, wie es in einer Demokratie eben geht. Ein brillantes Erfolgskonzept in einer Region voller demokratisierter Nazis, die Deutschland seit 1945 ist. Und dazu begleitet von zünftig religiösem Quatsch und heiliger Sauferei.[110]

Die CSU wird beherrscht vom Feinsten, was Provinzmännlichkeit hervorbringen kann, denn sie hat ein ganz besonderes Evolutionsprinzip: Nur wer es überlebt, mit ein paar Promille Alkohol im Blut im Auto gegen andere Verkehrsteilnehmer oder einen Baum zu fahren, kann später (Verkehrs-) Minister werden. Und zwar Minister nicht nur in Bayern, sondern im besten Falle für ganz Deutschland. Wo man dann zum Beispiel in bierdimpfliger Provinzialität Ausländer und das, was man dafür hält, verjagen und verklagen darf.

Kurz: Die CSU und ihre Kerle sind die Krone menschlicher Politik, zumindest wenn man Mensch als Sauhund definiert. Und ein Sauhund ist der Mensch seit jeher pfei scho.[111] Entsprechend hat der Seehofer Horst kein Interesse an irgendetwas, höchstens aufflammende Abscheu gegen alles, das ihn in seiner brummdämlichen Gemütlichkeit stört. So ist es auch kein Problem für ihn, eine Anzeige gegen eine Taz-

....

110   Wie bitte?

111   Immerhin damit kann ich mich identifizieren.

Autorin anzukündigen und später wurschtig doch sein zu lassen. Es ist für ihn ungefähr dasselbe, wie eine Untersuchung des Racial Profiling der Polizei doch abzublasen, weil Racial Profiling ja eh nicht erlaubt ist. Alles ist nichts in der großen Horstigkeit des Daseins.[112]

Das genügt alles bereits, um zusammenzufassen: Seehofers Eltern wussten implizit, was hier mühsam explizit nachzuweisen versucht wird: Zum Horst muss gemacht werden, was ein Horst ist! Denn nur dieser Menschenname hält zuverlässig, was er verspricht. Er ist einfach der beste der Humanhistorie.[113]

....

112 Wenn das so weitergeht, kündige ich gleich doch noch eine Anzeige an.

113 Okay. Ich ziehe die Anzeige zurück. Aber Eure Fußnoten könnt Ihr gefälligst allein machen.

Platz 4

Um die größte Errungenschaft der menschlichen Technik zu benennen, sollte man wohl auch weit ausholen und viel erzählen.[114]

....

114 Schönen guten Tag. Mein Name ist Tim Wolff. Ich bin Autor dieses Buches und wohl endgültig gezwungen, die Fußnoten selbst zu übernehmen. Das bietet mir aber die Gelegenheit, Sie ein wenig hinter die Kulissen des Textes zu führen. Zum Beispiel: Diese Wiederholung des Kapitelanfangssatzes soll dazu dienen, im doch recht assoziativen Wust der menschheitshistorischen Anekdoten, groben Verallgemeinerungen und Pointen, etwas Verlässliches zu bieten. Ein wenig Struktur zum Durchatmen. Und ich kann Ihnen erzählen: Ich habe mich vor dem Schreiben des Buches entschieden, im Haupttext kein Ich zu verwenden, obwohl das ganze Buch eindeutig sehr subjektiv ist. Denn das alles hier, so leid es mir tut, ist Feuilleton. Und was ist Feuilleton? Alles und nichts, aber stets mit der Aura des Wichtigen und Wissenden. Da sagt man ungern Ich. Höchstens wenn das Ich schon diese Aura besitzt. Und Feuilleton ist natürlich Zeitverschwendung. Sowohl in der Entstehung als auch im Konsum. Damit aber auch eine der schöneren Nischen, die die Herrschaft des Bürgerlichen geschaffen (oder gelassen?) hat. Feuilleton ist Dekadenz, ein Luxus der industriellen Gesellschaft. Es ist die (im besten Falle) gewitzte Meinungsschleuderei der fürstlichen Tafel – aber für alle, also potenziell. Wer Zeit, ja sogar Langeweile hat, der kann sich Anekdoten und

Die Historie artifizieller Hilfen vollzog sich über die Jahrtausende ungefähr wie die Bedienung eines frühen Benzinrasenmähers: Erst musste schweres Gerät herumgeschleppt werden, dann mit viel Kraftaufwand und Geschick in Betrieb gesetzt (was selten beim ersten Versuch gelang), aber dann ging es mit viel Gestank rasant los – und am Ende waren Pflanzen zerstört, Tiere tot und der eine oder andere Menschenfuß abgetrennt.

....

Glossistisches zurufen und alle Künste und Genüsse bewerten. Demokratisiert ist das Stoff für die, die genug besitzen, um sich nicht verkaufen zu müssen und also Zeit fürs Schöne haben. Feuilleton ist Rechtfertigung für die Beschäftigung mit dem Unproduktiven. Das Feuilleton – wie dieses Buch – stellt nichts ernsthaft Produktives her. Es existiert nur, weil für einige wenige späte Sapientes Zeit übrig blieb für Unterhaltung niederer und höherer Art. Wobei diese Unterscheidung auch nur Klassendünkel ist. Weswegen man hohe Künste stets daran erkennt, dass sie für Bildung gehalten werden, und niedere daran, dass sie Verrohung sein sollen. Beide sind aber am Ende nur dazu da, ein wenig Geld aus den Speichern der Besitzenden zu erhalten, um ein Umfeld zu schaffen, in dem noch mehr Geld in die Speicher zurückfließt. Feuilleton im Kapitalismus ist Mehrwertproduktion (manchmal) wider Willen, im Kommunismus (den es nie geben wird) wäre alles Feuilleton, was nach der solidarischen Verrichtung der notwendigen Arbeit an Zeit übrig bleibt: das halb kundige Gespräch über Alles und Nichts zum Zeitvertreib, bei dem manchmal etwas Wertvolles hängenbleibt. Aber ich schweife ab. Bitte zurück in den Text. Dort wird nämlich etwas anderes zutiefst Kapitalistisches gelobt werden!

Heißt: Über Jahrzehntausende gab es nur Werkzeug aus dem, was die Natur fallen oder sich abringen ließ, dann Feuer, dann Metall, dann – hey, hier wird es schon ziemlich clever – Legierungen, dann das Rad, Feuer in Metall-Legierungen, am Ende Feuer in Metall-Legierungen auf Rädern. Ab da ging es ordentlich rund! Denn der technische, permanent für Natur und Mensch ausbeuterische Fortschritt vertrug sich so gut mit den seit der Sesshaftigkeit des Sapiens unvermeidlichen Märkten, dass der unwiderstehliche, unsterbliche Killer Kapitalismus entstand.[115] Oder anders: Der

....

115 In diesem Buch ist auffällig oft kritisch vom Kapitalismus
     die Rede. Manch einer der dies Lesenden wird sagen: Na,
     wenn da nicht mal so ein Kommunist schreibt! Und dazu
     möchte ich sagen: Ach, wie gerne wäre ich Kommunist!
     Kommunist zu sein würde bedeuten, ernsthaft an die
     Möglichkeit einer besseren als der herrschenden Gesell-
     schafts- und vor allem Wirtschaftsordnung zu glauben. Es
     würde bedeuten, davon überzeugt zu sein, dass sich der
     Hauptwiderspruch aller bisherigen Ordnungen (die Erzeu-
     gung von Menschenklassen; derzeit bevorzugt »Schichten«
     genannt) so auflösen ließe, dass alle Nebenwidersprüche
     (Sexismus, Rassismus und so weiter) verschwänden. Die-
     sen Glauben habe ich nicht. Nicht mal die Hoffnung. Und
     ich bin nicht damit allein. Es gibt sehr offensichtlich kei-
     nen mehrheitlichen Wunsch, kein Bestreben, keine Hoff-
     nung, den Kapitalismus zu überwinden, also aus der des-
     truktiven Macht der unsichtbaren Hand des Marktes die
     Herrschaft der sichtbar planenden (und kritisch hinter-
     fragten) Hände zu machen. Das alles gab es nicht einmal,
     als der Marxismus auf dem Höhepunkt seiner Popularität

Mensch verbreitet sich und das Seine so exponentiell, wie es manchem Virus unterstellt wird.[116]

....

war. Und das Ergebnis des Versuches, als überzeugte Minderheit die flexible kapitalistische Ordnung zu brechen, waren psychisch wie physisch gewalttätige Staatengebilde voller Paranoia nach Innen wie Außen. Doch gilt auch: Was hilft die Kritik am Bolschewismus, wenn er längst verschwunden ist? Und außerdem in den dreißig Jahren seit diesem Verschwinden eben der alternativlose Kapitalismus in seiner Effektivität und Effizienz in der Ausbeutung aller humaner und natürlicher Ressourcen den Planeten an seine Kipppunkte gebracht hat? Nicht zuletzt, indem sich die einst planwirtschaftliche Volksrepublik China zur marktwirtschaftlichen Produktionsstätte der gesamten Welt und des obszönen Warenüberflusses der einst sogenannten Ersten Welt gemacht hat. Was bringt der Fingerzeig auf Tschernobyl oder andere sozialistische Umweltkatastrophen, wenn in den dreißig Jahren der kapitalistischen Alleinherrschaft mehr klimaschädliche Abgase produziert wurden als in der gesamten Menschheitsgeschichte davor? Alle Kritik an der Brutalität der privaten Marktkonkurrenz ist kein Kommunismus (mehr), sondern Wahrnehmung der offensichtlichen Zerstörung, die der Kapitalismus hervorbringt – den als Ursache aber trotzdem niemand ernsthaft wahrhaben will. Es ist alles am ehesten: Verzweiflung. Und damit im Grunde das Gegenteil von Kommunismus.

116 Vermutlich mit Berechtigung. Bin auch nur so weit Virologe wie, sagen wir: Bundestrainer. Oder Historiker. Was ich weiß: »Exponentiell« ist hier so gebraucht, wie es sich in der bisher letzten Pandemie als Begriff verbreitet; in

Jede Menschen-Technik wurde mit der Zeit tendenziell kleiner und kompakter. Was dem Sapiens aber erst klar wurde, als er die mechanische Uhr erfunden hatte – und sie immer kleiner machte, bis sie in Taschen und an Handgelenke passte. Die ersten Fahrräder hatten ein Vorderrad, das den Fahrenden in der Größe überragte. Nur wenige Jahre später waren Fahrräder klein genug, dass Clowns mit zu großen Schuhen lustig auf ihnen durch Manegen rasen konnten. Denn der Geschichte des Menschen gleichend, wiederholt sich auch menschliche Technik gern als Farce. Im Mainzer Gutenberg-Museum zu Ehren des Erfinders des Buchdrucks kann man auch das »Kleinste Buch der Welt« (in einer Größe 5 mal 5 Millimeter) erstehen. Lesen kann man es nur mit einer Lupe. Ein sehr menschliches Unterfangen:

....

einer mindestens mathematisch unpräzisen Bedeutung. Und was mir da noch einfällt: Mindestens im deutschen Raum ist das Denken schon eine gute Weile vor Corona besessen von dem, wofür »exponentiell« auch steht: vom Glauben ans permanente Wachstum von allem. Jedes Sachbuch, jeder Artikel, fast jedes wissenschaftliche Werk kommt nicht ohne zigfache Verwendung des Wörtchens »zunehmend« aus. Jedes betrachtete Phänomen ist zunehmend, weil nichts einfach nur sein darf. Denn wichtig ist nur, was wächst. Das haben Regionaljournalist:innen so verinnerlicht wie Professor:innen. Wenn Sie also in diesem Buch außerhalb dieser Fußnote das Wort »zunehmend« finden, beschweren Sie sich bei mir! Ich komme persönlich vorbei und streiche das Wort aus Ihrem Exemplar.

Wieso nicht die Technik so weit über ihren Nutzen hinaus perfektionieren, damit andere Technik nötig wird! Der erste Computer füllte Zimmer, beim kleinsten Mobiltelefon – das ja viel eher ein mobiler PC als die technische Fortführung des alten Fernsprechers ist – musste man aufpassen, dass man es beim Telefonieren nicht versehentlich schluckte.[117]

....

117   Hier möchte ich mich selbst fragen: Hat wirklich jemand je versehentlich sein Mobiltelefon verschluckt? Stimmt das? Ist das ein Witz? Meine Antwort ist: beides? Aber auch: weder noch. Das sind jedenfalls so Fragen, die mir immer wieder gestellt wurden (und werden). Schon auf dem Schulhof standen gerne mal Mitschüler:innen mit skeptischem Blick vor mir und fragten: »War das jetzt ein Scherz?« Und ich habe mir da angewöhnt zu antworten: »Bitte selbst entscheiden!« Denn letztlich ist Witz wie Wahrheit, Übertreibung wie Verbildlichung ein Konstrukt unserer Wahrnehmung (auch wenn es bestimmt objektiv Zutreffendes gibt) und die Wahrnehmung Teil der Verhandlung des Menschen über die Ordnung seiner Verhältnisse. Wahrnehmung ist der Beginn von Politik. (Hm, eventuell ein kluger Satz. Falls nicht – war er als Scherz gemeint!). Oder anders: Alle Realität muss durchs humane Wahrnehmungssystem, das brüchiger ist, als der Sapiens gerne glauben möchte (oder glauben muss). Deswegen betrachten Sie bitte jeden Satz, jeden vermeintlichen Witz in diesem Text als Angebot eines instabilen Geistes, das Sie jederzeit ablehnen können. Sie entscheiden (mit), was was ist. Texte, die sich als unverrückbare Wahrheit begreifen, machen Angebote, die man nicht ablehnen kann. Der Koran zum Beispiel wird gern auch mal als ein Don Corleone der Buchstabensammlung genutzt – nur dass nicht

Technische Objekte verlangten auch meist mehr und mehr Energie im Verbrauch, so viel, dass der Sapiens gerne Spott darüber internalisiert und ritualisiert, wie weit er mit seiner Technik der Natur überlegen ist. Die Kraft eines Automobils in Pferdestärken zu messen zum Beispiel ist so ein Spaß. Doch die Kraft entwuchs nicht nur der Natur, sondern auch dem Menschen selbst. Irgendwann brauchte es Maschinen, um die Maschinen herzustellen, die andere Maschinen herstellen. Und dazu Technik, die Maschinen und Maschinenbauer:innen und Marktteilnehmer:innen kontrollieren (oder zumindest beobachten), gerne von überall aus überallhin – weswegen sich das Digitale, die virtuelle Welt des Schnellrechnens und der Datenkommunikation, als der nächste technische Triumph nach der Dampfmaschine erwies. Aber ohne Feuer in Metall-Legierungen war auch das Digitale nicht zu betreiben.

Menschliche Technik ist das Sapienshafteste, das man sich denken kann. Der ganze Gag an diesem Humanoiden ist bekanntlich[118], die Natur so reflektieren und imitieren zu können, dass man sie für Momente verlassen, zuweilen sogar überwinden kann (und dann kann sie sogar obsolet erscheinen – und ist es manchmal ja auch). Weil aber Reflexion

....

nur Pferdeköpfe abgetrennt werden, wenn man das Angebot ablehnt. Huch! War das jetzt ein Witz? Bitte entscheiden Sie selbst. Oder lieber nicht, wenn Sie zufällig Taliban oder ein saudischer Prinz sind. Dann entscheide ich.

118 Cleverer Verweis aufs Platz 10, was?

auch am eigenen Körper beginnt, war Technik meist erst einmal die Erweiterung des Menschenkörpers. Alles, was dem Sapiens »intuitiv« ist – zum Beispiel der Stock mit seiner Hebelwirkung oder ein Touchscreen –, konnte sich in der Konkurrenz mit anderer Technik stets besser durchsetzen. Es sei denn, das technische Produkt war so mächtig, sein Versprechen so groß, dass der einzelne Sapiens es beherrschen wollte, obwohl er sich im Umgang damit kompliziert schulen lassen musste. Dann wurde diese Maschine, selbst wenn sie im Betrieb die komplexe Kombination von Pedalen, Rädern, Hebeln und jeder Menge Griffen und Blicken verlangte, aber am Ende auch eine Erweiterung des eigenen Körpers.[119]

Sehr, sehr lange hat der Mensch Werkzeug eher gefunden als erfunden. Es dauerte eine Weile und manches Wannenbad[120], um – Heureka! – auch das theoretische Werkzeug zur Erschaffung von Naturfernem zu haben. Theorie folgt der Praxis und schafft neue Praxis, die neue Theorie nach sich zieht. Erst macht eine Art Affe einen Stock zu einem Werkzeug, und am Ende fliegt Jeff Bezos in einem Riesenpenis ins Weltall. Und zwischendurch macht Stanley Kubrick einen Film ungefähr dieses Inhalts. Weil Kultur nicht unwesentlich die Reflexion des Verhältnisses des Menschen zu seinen Techniken ist.

Man kann sich leicht über obszöne Milliardäre lustig ma-

....

119 Cleverer Verweis auf Platz 9, was? Was kommt als Nächstes – eine Badewannen-Anspielung?

120 Ha! Als hätte ich es gewusst.

chen, aber auch die Weltraumausflüge von Bezos, Musk und Branson sind ganz im immanenten Sinne der Technik des Sapiens. Ihre Funktion war von Anfang an, etwas zu rauben. Erst dem Boden, dann dem Artgenossen. Kaum war der Mensch darauf gekommen, was man alles schmelzen und formen und kombinieren kann, konzentrierte er dieses Wissen und seine Weitergabe selbstverständlich, also intuitiv, auf die Verbesserung seiner Acker- und Tötungswerkzeuge.[121] Letztere waren dann auch ganz praktisch, um andere Menschen in Minen zu zwingen, unter gefährlichsten Bedingungen die Rohstoffe zu fördern, die die Herstellung weiterer Tötungswerkzeuge erlaubten. Zwischendurch blieb genügend Rohstoff übrig, um auch zivileres Gerät herzustellen. Was sich mehr und mehr als mindestens genauso praktisch erwies, um Menschen in Minen und Fabriken zu bringen. Wer sich von der Qual, die bald Arbeit hieß, wenigstens ein paar schöne Gegenstände leisten konnte, musste nicht ganz so oft mit der Bedrohung durch Tötungswerkzeug zu seinem Beitrag zur Herstellung dieser paar schönen Gegenstände gezwungen werden. Ein effektiver Zirkel, der von den Waffen der alten Perser und Griechen bis zur Weltherrschaft

....

121 Der Ursprung menschlichen Krieges liegt wahrscheinlich im Kampf um Ackerland, bei dem bereits der komplett hölzerne Dreschflegel ausrutschte. Auch wenn der Marxist glauben mag, dass erst das Metall dem harmonischen Ursprungsmenschen das Material zur Gewalt gab. Pflugscharen zu Schwertern – das ist inhärent menschlicher als die berühmte (wirkungslose) Forderung des Gegenteils.

der bedien- und bespielbaren Bildschirme ähnlich gleich geblieben ist. Trotz aller Versuche, daraus auszubrechen. Die
Macht des Smartphones ist größer als die jeder Gewerk-
schaft. Womit wir wieder bei Jeff Bezos & Co. wären. Und bei
der technischen Errungenschaft der Menschheitsgeschichte:
dem Smartphone.

Und noch vorm Preisen beim ersten Argument gegen das
Smartphone als Errungenschaft: dass zu seiner Herstellung
Sklaven- und Kinderarbeit genutzt wird, als sei es ein durch-
schnittlicher Volkswagen.[122] Aber der Sapiens ist nun mal

....

122 Noch so ein Verweis auf Platz 9. Ein bitterer. Dabei mochte
     ich einmal Automobile sehr. Und habe mich bemüht, sie
     weiter zu mögen. Mit Hilfe der eigenen Kinder. Denn man
     sagt Kindern nach, durch ihre Augen könne man die Welt
     noch einmal wahrnehmen wie vor der eigenen Erwach-
     senwerdung. Wahr ist zumindest, dass man ihnen bevor-
     zugt die Orte zeigt, in die man einst selbst geführt wurde;
     der naheliegende kurze Weg zum kindlichen Gemüt. Und
     so habe ich im Technik-Museum Speyer zum ersten Mal
     gespürt, dass mir Automobile, ja Fahr- und Flugzeuge
     aller Art suspekt geworden sind. Mit seinen begehbaren
     Flugzeugen, Schiffen und Hubschraubern war es mir,
     natürlich, als gewaltig in Erinnerung. Erwachsen kam mir
     der Parkplatz klein vor, der Eingangsbereich trist. Futuris-
     tische Videosimulatoren, die, weil sie Münzgeld verlan-
     gen, mir als Spund verschlossen blieben, wirkten so alt
     wie die Ausstellungsstücke. Das angeschlossene Imax-
     Kino, Sehnsuchtsort noch in meinen adoleszenten Kiffer-
     zeiten, wurde von den Besuchern allem Anschein nach
     ignoriert. Vermutlich die gleichen Filme wie früher. Der

Vierjährige an meiner Hand stieß dagegen ein Wow nach dem anderen aus. Wow, ein Flugzeug. Wow, ein Motorrad. Wow, so viele Feuerwehrautos. Ich aber schwankte zwischen Melancholie über das unpragmatisch Erhabene alter Fahrzeuge, Respekt vor den fast beliebig zusammengerümpelten Ingenieursleistungen und naiver Wut auf diese Höllengerätschaften, die mit ihren Abgasen nicht unwesentlich dafür gesorgt haben, dass die Zukunft meines Sohnes so stickig und düster wird wie das U-Boot, durch das man hier kraxeln kann. Plötzlich fiel mir auch die unreflektierte Beiläufigkeit ausgestellten Nazikriegsgeräts auf. Erwachsensein ist scheiße. Wir drückten alle Präsentationsknöpfe, die man so drücken kann. Bei bestimmt jedem dritten passierte auch das Angekündigte. Orgeln spielten, Videos liefen, und Maschinen rumpelten. Mehrere Münzen, die ich aus spätem Trotz gegen den Geiz der eigenen Eltern dem Kind aushändigte, verschwanden, ohne dass Modellzüge wie versprochen rollten oder Karts fuhren. Technisch, musste ich feststellen, ist das Technik-Museum Speyer nicht auf dem neuesten Stand. Die alte Lufthansa Vickers Viscount müffelte, als würde sie nachts für Speyers Obdachlose zum Erleichtern geöffnet. Überhaupt wirkte bei näherem Blick vieles ungepflegt und unterversorgt. Vielleicht kam mir trotz söhnlicher Begleitung das alles nicht mehr so mächtig und wundervoll vor wie einst als Kind, sondern klein, eng und schmutzig, weil das alles tatsächlich zwar von der Überwindung der Natur kündet, aber auch von deren Ausnutzung und Zerstörung. Wenn schon die Geräte, mit denen der Mensch die Erde zum Untertan gemacht hat, vor aller Augen und Nasen verrotten, was bleibt dann noch vom Glanz der Zukunft, an den ich mich fern erinnere? Das Technik-Museum Speyer ist ein Friedhof des Fortschrittsoptimismus, wie längst der gesamte Planet.

der Sapiens, weshalb sollten die Verlängerungen seines Körpers weniger Brutalität hervorbringen als der Sapienskörper selbst? Und der Volkswagen und das Smartphone haben auch etwas sehr Humanes gemeinsam: Sie sind höchster technischer Ausdruck von Individualität.

Individualität ist eine späte, heikle, aber angenehm naturferne Art des Sapiens, über das Leben zu denken: Das Individuum begreift sich – manchmal zu Recht, leider oft als Illusion – nicht als Teil eines wie auch immer natürlichen Kollektivs. Darin, in Kombination mit reflektierter Regulierung des Umgangs mit anderen gleichberechtigten Individuen, lag vermutlich das, was Freiheit hätte sein können. Der Sapiens hat es aber nur bis zur kapitalistischen Variante geschafft, in der Individualität und Freiheit am Marktwert gemessen werden. Etwas, das im Positiven wie im Negativen mit Smartphones (und den darauf begierig betriebenen »sozialen Netzwerken«) ein gleichzeitig kompaktes wie globales technisches Gerät gefunden hat.

Smartphones sind der beste Ausdruck von menschlicher Individualität, der möglich war. Sie bieten das ganze Wissen und Unwissen der Menschheit im Taschenformat. Das gesamte Besteck zum Herausbilden von wehrhafter Individualität gegen die Zumutungen des Kollektiven (aber auch alle Zumutungen, die das nicht zulassen wollen).

Individualität in seiner Marktvariante ist für den Teil der Menschheit, der auf der Siegerseite des kapitalistischen Kampf- und Wettspiels steht, das, was er besitzt und gleichzeitig anderen verweigert. Er benötigt Fitness- und Motivationstrainer aller Art, Therapeuten, Gurus, Assistenten in menschlicher wie digitaler Form, damit er das Geld erarbeiten, erpressen und erspielen kann, mit dem er aus dem riesigen Warenangebot, das für ihn die Welt ist, das herauspicken kann, das ihn zum Individuum konfiguriert. Er ist damit beschäftigt, diese Konfigurationen zu präsentieren und ihre Aktualität zu diskutieren, weil er Sich-leisten-Können mit Leistung gleichsetzt und seinen Warenkorb zum Distinktionsgewinn gegenüber den Warenkörben anderer benötigt. Gewinnen ist Sein, Trophäen sind das Individuum. Der (oft unter sklavischen Bedingungen) warenproduzierende Mensch erscheint dem kapitalistischen Individuum dagegen als austauschbare Masse. Und doch zweifelt auch der Gewinner permanent an sich.

Diese oberflächliche Gleichheit, diese historisch vorgeformte Entindividualisierung schützt die einzig wahren Individuen des Kapitalismus vor der Erkenntnis der Obszönität des eigenen Daseins. Der naive Glaube, alle könnten so leben, wie man selbst, wenn die sich nur anstrengten, legitimiert die Ausbeutung von Mensch und Natur. Alle wissen, unter welchen Bedingungen Kleidung entsteht, das Smartphone oder die ständig übersaisonal verfügbaren Lebensmittel, alle müssen das wegrationalisieren, wenn sie nicht offen den Rassismus der Produktion affirmieren wollen. Die Aufgeklärtesten witzeln es zynisch weg.[123] Was aber auch tun?

Die Idee der Individualität muss einen sehr weiten Weg hinter sich haben. Ab dem Bewusstsein seiner selbst und mit

....

123 Was sich hier selbst bestätigt. Die selbstkritische Feststellung kann amüsant sein, sie ändert aber auch nichts.

der Erkenntnis der eigenen Vergänglichkeit muss der Mensch Hunderttausende Jahre um das Verhältnis des Einzelnen zur Gruppe und umgekehrt gerungen haben. Und je größer die Gruppe, desto komplexer muss dieser Kampf geworden sein. Schon früh muss es sich als praktisch erwiesen haben, das Leiden und Sterben anderer unempathisch betrachten zu können. Vermutlich fand dieser Kampf nur immer dann für ein paar Menschen Ruhe, wenn im Faschismus das Individuum sich im Kollektiv als Herrscher über andere Kollektive als Individuum bestätigt sah. Doch Empathie und Identifikation sind Voraussetzungen, als Mensch gegen die Gnadenlosigkeit der Natur zu bestehen. Faschismus ist eine Chimäre, wenn auch eine real extrem tödliche.

Man kann sich Humanität ohne Anerkennung der Individualität aller nicht vorstellen. Doch ist Individualität längst so energisch, dass die Gesamtheit des Homo sapiens die Natur zu Tode besiegt. Interessanterweise strebt sie sogar dabei, ausgebreitet über weltweite Netzwerke, anscheinend unausweichlich in eine Gleichförmigkeit, die wiederum kollektiv bejammert wird. Ob es die Kettenläden der sterbenden Innenstädte sind, die Silhouetten der Großstädte, die Aufteilung der Vorstädte – alles wirkt überall gleich, alles ist Simulation von Einzigartigkeit. Oder deren Musealisierung. Doch irgendwo in dem ganzen Wahnsinn steckt bestimmt die Möglichkeit gerechter Individualität, vermutlich in einer wenig genutzten App auf einem Smartphone.

Geblieben ist aber vor allem diese Tücke der Vorzüge menschlicher Technik, die Krux, die in allem Fortschritt steckt: Um den Lebensstil, der wie Freiheit wirkt, zu sichern, müssen alle Unbillen der Produktion von Wohlstand (ein heimtückisches Wort) auf andere abgewälzt werden. Werden die Ressourcen knapper, ist das alles ohne offene Faschisierung durch vermeintliche Demokraten nicht mehr zu haben. Sie[124], die Gewinner dieses inhärent ungerechten Spiels, sind überhaupt nur Gewinner, weil die giftige Produktion ihrer Waren in die Hände von Kindern ferner Menschen verlagert wurde (und weitere den giftigen Müll geschickt bekommen). Währenddessen reisen die Gewinner in giftigen Riesenmaschinen in die Länder dieser anderen Menschen und beklagen, in welch giftigem Zustand diese Regionen sind – sofern sie sich nicht vor den Einheimischen bewacht an den schönsten Stränden herumwanzen und alles vollkotzen oder zur Prostitution gezwungene Kinder missbrauchen. Und sie lassen davon auch nicht ab, wenn im Hintergrund alles in Flammen steht.

Wollen aber die Menschen, die den Wohlstand der anderen durch die Ausbeutung ihrer Kräfte und Umwelt ermöglichen – oder durch den Mangel ungleicher Verteilung in Verteilungskriege geraten –, sich einigermaßen frei durch die Welt bewegen, dann geht das natürlich nicht. Der Sapiens ist aufgeteilt in Menschen, die sich qua Herkunft fast überall hinbegeben können, sei es als Urlaub oder zur Fortbildung, und solchen, die beim gleichen Bestreben, mehr aus ihrem Leben zu machen, kriminalisiert werden. Wer nicht zu den Siegern in dem weltweiten Wettkampf gehört, den der Kapitalismus eine Weile stolz »Globalisierung« nannte, darf nicht

....

124   Und Sie!

dem kapitalistischen Ideal gemäß handeln. Der von den Siegern verachtete »Wirtschaftsflüchtling« tut im Grunde nicht anderes als das, was vom Bürger der reichsten Nationen als optimale Teilnahme am Markt verlangt wird: flexibel und mobil sein, um seine Lebensumstände zu verbessern.

Die freie und soziale Marktwirtschaft hat eine Erzählung, die durch Flucht von Menschen aus Elend oder auch nur ärmeren Verhältnissen zum zynischen Witz gemacht wird. Wenn alle nur so fleißig und leistungsstark wären wie die Menschen der »entwickeltsten« Länder, behauptet diese Erzählung, dann lebte der gesamte Planet in Freiheit und Reichtum.[125] Aber nicht mal die Gewinner dieses ungleichen – und immer ungerechter werdenden Wettkampfes[126]

....

125 Das ist der besagte Wohlstand, der sich angeblich über Wachstum verbreitet.

126 Vielleicht steckt die ganze Geschichte des Kapitalismus in der Fußball-Bundesliga der Männer: zu Beginn war sie noch ein echter Wettbewerb. Bis ein Verein, Bayern München, durch den Standort- und damit Ressourcenvorteil namens »Olympiastadion« so reich wurde, dass er Einfluss auf die Regeln nehmen konnte. Und mit jedem Schritt der Liberalisierung (von der Vermarktung der Vereine bis zum Spielerhandel) konnte der reichste Verein weitere Regelungen zu seinem (finanziellen) Vorteil beeinflussen, den er nutzte, um allen Konkurrenten die besten Spieler wegzukaufen, während er mittels Spenden an andere Vereine immer mal wieder so tat, als sei er solidarisch. Am Ende steht eine Freiheit des Handelns, in dem sich nur einer wirklich frei bewegen kann. Und dann ge-

glauben daran, dass es einmal so kommen wird. Zugeben können sie das aber nicht. Weswegen Flüchtende in ihren Augen nur Betrüger sein können. Darum sorgen die Sieger dafür, dass die Verlierer im Meer ertrinken oder schicken sie zurück in die Kriege, die mit Waffen der Industrien der Sieger geführt werden. Daher erniedrigen und entmenschlichen sie alle, die sie mit ihrer unsichtbaren Hand würgen, selbst in Nebensachen wie Soßen- und Süßwarenbezeichnungen. Sie hassen lieber, als Schmerz anderer oder auch nur den eigenen zuzulassen[127]. Sie hassen so routiniert und internalisiert, dass sie ihren Hass als selbstverständlichen menschlichen Umgang wahrnehmen.[128]

....

winnt eben nur noch dieser eine Verein. Wettbewerb unter kapitalistischen Bedingungen führt im Fußball zur Langeweile. Im echten Leben zu permanentem Elend und Krieg.

127 Um James Baldwin zu paraphrasieren.

128 Ich weiß, das ist ein bitterer Exkurs. Aber zum einen erscheint es mir offensichtlich, dass in den reichsten Ländern der Erde mehr Wut über Schnitzel- und Schaumsüßigkeitenbezeichnungen ausbricht als über Arbeitsbedingungen. Zum anderen ist das hier, wie gesagt, ein subjektiver Rückblick aus der Sicht eines Sapiens, der als reicher weißer Mann geboren wurde. Und als solcher war er mehr als ausreichend Zeuge, ja Teilnehmer solcher Interaktionen: Als ich einmal aus familiären Gründen auf einer Feier zahlreicher Vertretungsleiter (bewusst gegendert) eines deutschen Großkonzerns weilte, sagte der-

Macht sie jemand auf ihn aufmerksam, kommt er erst recht in voller Wucht. In seinen letzten Zügen hat dieser Mechanismus manische Züge angenommen: In trivialen Projektionen phantasieren Menschen, die sich immer in der Mitte von allem sehen[129], als Opfer, behaupten, sie, die von Jahrhunderten der Gängelung, Auslöschung und hegemonialer Ausnutzung profitiert haben, ihre Kultur würde in einer Verschwörung irgendwie linker Herrschaft gecancelt. Sie glauben, in der Mitte von »Rechtspopulismus« und »Cancel Culture« zu leben.

Dabei ist »Cancel Culture« im Grunde das gleiche wie »Fake News« wie »Political Correctness«. Alles erfundene Bedrohungen der Macht der Ungleichheit. Wie schön wäre es, es gäbe so etwas tatsächlich: etwas vor dem sie / wir Angst haben müssten, etwas, das die destruktive Ordnung fundamental bedroht. Aber alles, was im letzten Jahrhundert der Menschheit dazugekommen ist, sind schnelle mediale Netzwerke, in denen auch die biologisiert Unterdrückten gehört

....

jenige aus Südafrika zu mir, zu einem Menschen, von dem er nichts außer Äußerlichkeiten und Verwandschaftsverhältnisse kannte, nach nicht mal zwei Minuten Gespräch, also im Small-Talk, den Satz: »Die N★★★r wollen ja jetzt die Weltherrschaft übernehmen.« Es erscheint mir, nicht nur aufgrund dieser Erfahrung, ohne dass ich je das Werkzeug zur Verwissenschaftlichung der These besitzen werde, ein offensichtliches Sapiens-Gesetz zu sein: Je wohlhabender das Exemplar, desto naheliegender die Verachtung dessen, was es als das Andere begreift.

129 So wie Friedrich Merz sich als Mittelstand begreift.

werden. Und die spärlichen Erfolge – hier und dort ein bis dahin ungewohntes prominentes Gesicht und gewonnene Diskussionen um manche Wörter und Handlungen – verdanken sie dem gleichen Markt, der Unterdrückung benötigt. Er passt sich ein wenig der veränderten Kundschaft an.[130]

Soziale Netzwerke gelten nach Stand Anfang des zweiten Jahrzehnts des 21. und letzten christlichen Jahrhunderts als die Ursache oder das wesentliche Symptom für den Verfall von privater und geschäftsmäßiger Kommunikation, Verrohung und Enthemmung, der Hauptgrund für das Ausbleiben monetärer Wertschätzung geistiger Arbeit – das alles kann man vor allem Beiträgen auf sozialen Netzwerken entnehmen.

....

130 Alle wesentliche Fälle von dem, was als »Cancel Culture« wahrgenommen wird, sind Entscheidungen von privaten Firmen. »Political Correctness« ist im Ergebnis keine ernsthafte Verhandlung der Ansprüche Marginalisierter, es ist eine Frage des Marketings. Und wer Marketing hat, der benötigt keine Zensur. Es ist albern, so zu tun, als gäbe es eine neue Qualität von Eingriffen in die Meinungsfreiheit, wenn Firmen nicht wollen, dass – ironisch oder nicht – Wörter und Imagos von etwas verwendet werden, das eine wichtiger werdende Kundenschicht eventuell verärgert. Vor allem in Gesellschaften, in denen durchweg Unternehmen auf religiöse, politische oder moralische Wünsche und Vorlieben der Mehrheit Rücksicht genommen haben. Was ist das Verschwinden von vier Folgen »South Park« gegen das Gesamtwerk der FCC, der amerikanischen Behörde zur Regulierung des öffentlich gesprochenen Wortes? (Wobei beides nach meiner persönlichen Ansicht unnötig ist; aber einer allein macht keine Gesellschaft.)

Twitter ist Gekeife, holt die Niedertracht aus den Leuten, Instagram ist eitle Selbstvermarktung samt verlogenem Körper- und Weltbild, Facebook Tummelplatz für Boomer und ihre späten Rebellionen gegen irgendwas, während die Jugend auf TikTok zu allem dumm tanzt. Gigantische Firmen sammeln freiwillig abgegebene Daten und handeln damit, dass Erich Mielke im Grab rotiert vor wahlweise Ver- oder Bewunderung. So oder so ähnlich stellt sich das wohl dar, und es ist wahrscheinlich auch wirklich nicht das, was man sich als Freund einer Assoziation freier Menschen wünscht.

Aber doch sind die beklagten sozialen Netzwerke, auch wenn sie eher Plattformen des Informationshandels sind, die freieste Form der Massenkommunikation, die die Menschheit seit der Info-Trommel zustande gebracht hat. Es kann sein, dass in den Zeiten der gedruckten Massenmedien die Konsument:innen sich nicht selbst zu so etwas wie einer Ware machen mussten, um an Informationen und Meinungen zu gelangen wie im Zeitalter digitaler Massenmedien, doch war die Freiheit des Gedruckten vor allem die Freiheit des Verlegers, Anzeigen nach seinem Gusto mit Artikeln zu umranken (oder im Sozialismus: die Freiheit der Redaktion, der Partei, die immer recht hat, recht zu geben).

Die vermeintliche Meinungsvielfalt dessen, was mit »Westen« geographisch problematisch zusammengefasst werden kann[131], war ein Luxus, der das Geld und die Zeit verlangte,

....

131 Es gehört bis heute zu meinen Lieblingsanekdoten, dass sich der Fußballverein 1. FC Köln lange aufgrund gleich

gleich mehrere Druckerzeugnisse zu studieren. Mit dem Ergebnis, dass Zeitungen und Zeitschriften mit ihrem Publikum Blasen bildeten, die viel schwieriger zu verlassen waren, als das bei digitalen Medien der Fall ist.

Auch war Print keinesfalls weniger anfällig für Fake News. Der Abstand zum wütenden Leserbriefschreiber, zur empörten Leserbriefschreiberin erhöhte noch die Anfälligkeit für fröhliche Lügen und arrogante Selbstgefälligkeiten. Die »Bild« verbreitete in den 1980ern für ihr Millionenpublikum regelmäßig Meldungen über Alien-Landungen in der Sowjetunion und Ähnliches; und es ist gerade Teil ihres Auflagensturzes, dass sie so einen Quatsch dank sozialnetzwerklicher Aufmerksamkeit nicht mehr machen kann. Und wer glaubt, das war damals nur das böse Springer-Reich, der klicke sich einmal durchs »Spiegel«-Titelarchiv, um eine Ahnung zu bekommen, welche Paralleluniversen da entworfen wurden, als noch jede dritte Seite Werbung war.

Das Fernsehen wiederum war und ist den bösen Netzavatarbörsen mindestens in der Ausstellung pseudoauthentischer Peinlichkeit ebenbürtig. Die Casting- und Reality-TV-Welt ist durchaus die logische Konsequenz dieses Mediums, und die Nachmittags-Talkshowhölle, die der Seelenpeinbeschau des

....

weißer Trikots »Real Madrid des Westens« nannte – obwohl Madrid deutlich weiter westlich liegt als Köln. Ich gehöre gerade noch so den Generationen an, die verstehen, was damit gemeint war: Madrid war schon irgendwie Teil des globalen Südens und somit nicht ganz »erste Welt«.

Internets vorausging, war deutlich unsympathischer, weil das Feixen nicht zu blocken, ja noch viel offensichtlicher Programm war.

Soziale Netzwerke sind Märkte; was könnten sie auch anderes sein in einer Welt, in der der Markt alles regelt. Die eigene Präsenz ist ein Stand im digitalen Messeraum, an denen jede:r ausstellt, was und für wen er will. Dass da auch einmal ein paar vorbeikommen und in die Auslage kotzen, das kann man verkraften, weil das Aufräumen mit Zeit und Erfahrung recht einfach wird. Aber ein großer Vorteil von Märkten war stets, wie viele unterschiedliche Menschen auf ihnen zusammenkommen. Man erhält Einblick in Sichtweisen und Haltungen von Menschen, die sonst aufgrund sozialer und sonstiger Dispositionen fern waren. Und digital muss man niemanden ansprechen, um zuhören und bestenfalls verstehen zu können.

Was immer mit den vielen Daten und ihren Kategorisierungen geschehen wird, wenn sich die kapitalistischen Gesellschaften in den kommenden Krisen weiter faschisieren werden, es wird kein Vergnügen werden. Aber für einen Moment der Menschheitsgeschichte kann man den sozialen Netzwerken dankbar sein für die Menschen, die sich sehr wahrscheinlich ohne diese fremd geblieben wären.

Die weltweite Verbreitung des Smartphones und seiner ihm angepassten Kommunikationsräume verdeutlicht etwas, das ohne sie leichter zu verstecken war: Für die einen, die Gewinner der globalen Marktkonkurrenz, ist Individualität die Oberfläche einer nicht erkannten Gruppenzugehörigkeit, für die anderen etwas, das gegen eine Gruppenzugehörigkeit erkämpft werden muss. Nicht weiß zu sein bedeutet, ständig die Gruppe mitzudenken, die man für die Mehrheitsgesellschaft repräsentiert. Man ist nie ganz Individuum, sondern Repräsentant für alle Schwarzen, Juden, Asiaten (wo immer man eingeordnet wird).

Es hat Jahrhunderte gedauert, bis weiße Menschen einiges von diesem Privileg verloren haben, sich nicht permanent einordnen zu müssen. Letztlich gibt es Individualität, weiß wie nicht-weiß, nur in Assoziation mit anderen Individuen, bei Mitverhandlung von Vorurteilen und Klischees. Gleiches gilt für die Kategorien Gender, Sexualität und in mancherlei Hinsicht die der sozialen Schicht. An diesem Widerspruch, dass es Individualität nicht individuell gibt, verlaufen die letzten großen politischen Kämpfe der Sapienszivilisation[132]: die, die unter »Identitätspolitik« subsumiert werden. Und in diesen Kämpfen geht es nicht mehr darum, die diversen Identitäten abzuschaffen, in etwas allgemein Humanes, in eine Assoziation freier Individuen übergehen zu lassen, weil das ein utopisches Ziel ist[133], das sich in einer dystopischen Welt nicht mehr realistisch vermitteln lässt. Es geht im Grunde nur noch darum, dass auch schwarze lesbische Transgender-Frauen Vorsitzende von kriminellen Großkonzernen werden können. Und wieso sollte man das übelnehmen? Allen menschlichen

....

132 Oder nur der »westlichen« Zivilisation? Es bleibt ein Buch aus der Perspektive eines ausgesprochen weißen Mannes.

133 Weil das bedeutete, den Kapitalismus abzuschaffen, der unterschiedliche Klassen und Gruppen für seine alles durchwirkenden Konkurrenzen benötigt.

Individuen die Möglichkeit zu geben, auch ein reiches gewissenloses Arschloch werden zu können, ist das beste, was am Ende des Sapiens noch zu versprechen ist. Und mit nichts lässt sich das so gut erreichen wie mit dem Smartphone.[134]

....

134 Wenn wir – also Ich als Stellvertreter für die Gemeinschaft aus Autor und Lesenden – ganz ehrlich sind, geht es bei sozialen Netzwerken und Smartphones vorrangig um das, worum es dem Sapiens immer geht, wenn es nicht um Nahrung oder den Tod geht: Sex. Doch selbst in der an Rabiatem übersatten Welt der Pornographie kann man kleine Momente dessen entdecken, was an Humanität möglich wird, wenn die gesamte Sapienspopulation miteinander dank Technik zu kommunizieren vermag. Als ich einmal zu einem Video gelangte (wie genau, geht Sie nichts an), dessen Titel in etwa mitteilte, das zu sehende, nicht gerade pornotypisch optimierte oder derangierte Paar sei so notgeil und damit unbedacht gewesen, dass die Frau schwanger vom gefilmten Vorgang wurde, las ich notorischer Kommentarspaltenleser mich durch sämtliche Kommentare unter dem Video. Während die meisten die übliche Bewertung des Geschehens für ihre eigene Geilheit referierten, fand sich dazwischen jemand, dessen Profilbild einen älteren Herren samt pakistanischer Flagge zeigte (und mir nicht unbedingt »fake« erschien). Er kommentierte: »Aww what a nice reason to fuck.« Ich möchte meinen: Dass ein Mann vom einen Ende der Welt einem Paar vom anderen, das aus welchen Gründen auch immer seinen Geschlechtsverkehr in diese Welt überträgt, seine Rührung über eine (vermutlich nur behauptete) Schwangerschaft auf einer Porno-Website ausspricht, das gehört mit Sicherheit zum kleinen Schönen im großen Hässlichen, das der Sapiens sich geschaffen hat.

Platz 3

Die wesentliche Errungenschaft der menschlichen Sexualität benötigt keine allzu lange Erzählung. Es ist eigentlich alles ziemlich offensichtlich.

Sie ist wahrlich keine menschliche Erfindung, man kann sogar getrost behaupten, dass es diesbezüglich im Tierreich in der Praxis deutlich entspannter und, na ja: natürlicher zugeht – und doch hat erst der Mensch aus dieser Selbstverständlichkeit eine Zierde, einen Tropfen Trost in dem steigenden Tränenmeer gemacht, das die menschliche Zivilisation in all ihren kulturellen Ausprägungen hinterlässt: Homosexualität.

Homosexualität[135] ist in jeder Form dem mehrheitlichen Primat der Hetero-Brunft überlegen. Sie hat überhaupt das deutlich höhere Potenzial zu dem Vergnügen, das Sexualität auch sein könnte, wenn sie sich nicht so wahnsinnig oft darum drehen würde, dass überambitionierte heterogenormte Penisverwalter diesen in allerlei stecken wollen, was sie als weiblich definieren. Und schlimmer noch: dass sie,

....

135 Jetzt aber genug der persönlichen Anekdoten. Von hier an lassen wir Fußnoten Fußnoten sein. Aber eine Ansage noch: Wer bei diesem Wort – homosexuell – erst mal wieder nur an schwule Männer denkt, bittet gefälligst bei nächster Gelegenheit bei einer Lesbe aus der Umgebung um Entschuldigung – oder verlässt hier mein Buch!

wenn sie gerade nicht Sex zu Gewalt machen dürfen, Gewalt sexualisieren.[136] Homosexualität tut nämlich aus naheliegenden biologischen Gründen nicht so, als sei Kontrolle und Gewalt über einen Teil der Geschlechtsaktteilnehmer Voraussetzung oder Normalität, die Fortpflanzung nun mal benötigt.[137]

Das sexuelle Erbe des Tierreichs, dem der Sapiens einigermaßen entflohen ist, ist die Vergewaltigung. Zumindest kommt das, was Säugetiere da vollführen, ganz selten ohne Formen rabiater Bemächtigung aus; gemessen zum Beispiel an Katzen und ihren Penissen mit Widerhaken. Im restlichen Tierreich ist es auch nicht viel besser – googeln Sie mal Entenpenisse. Man ahnt, weswegen Donald Duck und Konsorten keine Hosen tragen.

Die Reaktion auf dieses Erbe sexueller Gewalt fiel in den

....

136 Wie verheerend es nicht nur für die unausweichlichen Opfer, sondern auch für die Psyche der Täter ist, wenn man Pubertierende dazu zwingt, brutale Gewalt als sexuellen Akt zu verinnerlichen, entnehme man zum Beispiel dem Kapitel über Kindersoldaten in Klaus Theweleits »Das Lachen der Täter«.

137 Damit sei natürlich nicht ausgeschlossen, dass es auch unter Homosexuellen zu Gewalt kommt, speziell unter männlichen – da auch homosexuelle Männer nun mal vor allem Männer sind –, aber ein systematisches Unterdrücken und Ausnutzen eines Geschlechts durch ein anderes fällt schon deutlich schwieriger, wenn nur ein Geschlecht am Akt beteiligt ist.

Hochkulturen[138] des Sapiens unterschiedlich aus. Sehr grob zugespitzt könnte man behaupten: Überall dort, wo die Religion – ohne Religion keine Hochkultur – ohne den einen Gott auskam und -kommt, also vor allem dort, was heute unter Asien subsumiert wird, bildeten sich erotische Sitten, Bräuche und Riten aus, die dem Akt etwas Gewalt nehmen können.[139] Beim Rest, nicht zuletzt bei den lange den Globus dominierenden Christen, wurde vor allem mit einem Gewaltregime der Scham versucht, Sexualität dem Menschen gleich ganz auszutreiben. Die Männer sollten irgendwie körperlos wie der Gottessohn sein, die Frauen jungfräulich, aber trotzdem gebärend wie dessen Mutter. Praktisch unmöglich, weswegen im Ergebnis die Gewalt der Sexualität nicht nur gegen andere, sondern auch gegen die jeweils eigenen Körper ge-

....

138 Hochkultur ist ein Begriff, den sich das höhere Bewusstsein von Zugehörigen sehr großer, halbwegs homogener Menschengruppen ausgedacht hat, um Zugehörige kleiner, halbwegs homogener Menschengruppen mindestens rhetorisch näher ans tierische Erbe zu rücken. Noch höher war dann nur die »Zivilisation«, die sehr lange Zeit daraus bestand, vermeintlich Unzivilisierten übelste Gewalt anzutun, um sie zu zivilisieren.

139 Dass es in der Praxis nicht unbedingt funktioniert, lässt sich daran erahnen, dass die Heimat des Kamasutra ein nicht gerade geringfügiges Problem mit Vergewaltigungen hat. Die Ausformungen von Sex und Gewalt sind eben überall zuerst Folgen der gesellschaftlichen und damit vor allem wirtschaftlichen Verhältnisse, möchte ich meinen; allen tradierten Erzählungen zum Trotz.

richtet wurde. Kein Sex zur Lusterfüllung, das bedeutete für das Christenregime (und nicht nur für dieses) auch keine Selbstbefriedigung. Und Homosexualität ist die Selbstbefriedigung des Menschengeschlechts – gemessen an der biologischen Unmöglichkeit der Fortpflanzung durch den Akt. Deswegen wurde (und wird) sie ganz besonders eifrig verachtet. Im Wesentlichen also aus Neid. Berechtigtem Neid.

Denn vernünftig ist gegen die Selbstbefriedigung des Menschen nichts einzuwenden. Eine Bedingung für echte Humanität, die der Sapiens trotz all seiner großen Theorien bis zum Ende nicht zu schaffen wusste, wäre gerade gewesen, Sexualität menschlich – also reflektiert im Tierischen – zu machen. Und es ist zumindest keine abwegige Annahme, dass ohne Scham den eigenen Körper zu verwöhnen die Voraussetzung schafft, das auch mit anderen zu tun. Fortpflanzungsdruck und Angst vor den unerwünschten Folgen wie für unangemessen erachtete Schwangerschaften oder die immensen gesundheitlichen Gefahren, die vor der Entwicklung moderner Medizin mit Schwangerschaften und noch mehr Geburten einhergingen, sorgten aber für ein erstaunlich, ja gigantisch ausdifferenziertes, brutales Regime über Frauen. Was es eben bei ausschließlicher Homosexualität nicht gäbe.

Ganz sicher zum größten Versagen in der Historie der Menschenspezies gehört, fast immer und überall den Reproduktionsdruck und die dazugehörige Last den Frauen aufgebürdet, ihren Körper beherrscht, manipuliert und im Stich gelassen zu haben. Wenn die Menschheit in ihren letzten Jahrzehnten wenigstens ein Promill ihrer Fehler ausgleichen will, so als Zugabe, sollte sie intensiv danach forschen, wie Verhütung ausschließlich über den Männerkörper geregelt

werden kann und alle Fragen rund um Abtreibung ausschließlich die davon Betroffenen beantworten lassen. Und
klar: noch obendrein alle, die nicht der Überbevölkerung
herkopulierenden heterosexuellen Norm entsprechen, so frei
wie möglich entscheiden lassen, ob und wie viele Kinder sie
haben wollen. Denn so hehr es sein mag, im Angesicht der
kommenden Katastrophen auf Kinder zu verzichten (oder
aus Unlust; es ist ein Spektrum): Kinder sind schon phantas-
tisch, eine Zierde der Spezies durch die Jahrtausende – und
wer welche haben möchte, sollte keinesfalls von Pfaffen aller
Art daran gehindert werden.

Ja, Kinder, und das können Kinderlose vermutlich tatsächlich nicht nachempfinden (so sehr sie diese Feststellung
auch zu nerven vermag), sind elementar fürs Leben und lassen einen das auch herrlich spüren. Ein kinderloses Dasein
ist gewiss kein sinnloses, eines mit Kindern kann aber fast
magisch Sinn ergeben. Da sind plötzlich Wesen, für die man
garantiert das eigene Leben riskieren würde (was – sorry, Lie-
bende! – bei all dem, was man sich erwachsenenseits so an-
lacht, nun wirklich selten passiert). Kinder zu haben ist so
ziemlich die anstrengendste, verrückteste, zauberhafteste,
schmerzhafteste, erhebendste (da ginge noch mehr) Erfahrung, die man machen kann, und sie sind der einzige Trost
für die ultimative Beleidigung, die der Tod darstellt.

Nun soll nicht verschwiegen sein, dass das kein Automa-
tismus ist, Eltern(teil) und Kind auch mal einander grund-
sätzlich nicht leiden können – aber es wäre die Aufgabe einer
vernünftigen Gesellschaft, auch das ohne Verurteilung zuzulassen und auszugleichen. Ohnehin ist dieser biologisierte
Kernfamilienquatsch nicht wirklich geeignet, aus Kindern

glückliche Menschen zu machen. Was dadurch belegt sei, dass es fast keine glücklichen Menschen gibt. Und unglückliche Menschen tun mit Kindern oft Dummes: zum Beispiel sie überhaupt erst nur zum Zwecke der eigenen Sinnerfüllung zu zeugen oder als ein Statussymbol anzusehen, das dann stört, wenn es nicht so funktioniert, wie man dachte.[140]

Die Menschheit hat lange gebraucht, um so etwas wie Kindheit zu entdecken beziehungsweise zu erfinden. Um sie dann aber gnadenlos zu fetischisieren – und dabei ist sie auf die verrücktesten Ideen gekommen, wie mit den Kleinen umzugehen sei, und dabei gerne übersehen, dass Kinder bereits Individuen sind. Sie sind ab dem ersten Tag eigenständige Persönlichkeiten, nicht ungleich Erwachsenen, aber eben deutlich ärmer an körperlichen und geistigen Erfahrungen. Und alles, was man braucht, um ihre unbezwingbare Schönheit zu erkennen, um ihnen eine solche Gegenwart zu geben, dass die Voraussetzungen für eine interessante und peinarme Zukunft geschaffen werden, ist das, was keine gesellschaftliche Ordnung bisher allen zu bieten vermochte, die sich um Kinder kümmern möchten oder müssen: die Zeit, sich auf diese Wesen einzulassen, ohne Sorge um Existenz oder Druck, diese sichern zu müssen.

Aber das ist mindestens ein wenig naiv. Denn Kinder ziehen durchaus auch mal aus purer Gier nach etwas einem

....

140 Oder wie es einmal in der Rubrik »Partner Titanic« ungefähr hieß: Kinder sind nicht unsere Zukunft. Sie sind ihre eigene Zukunft. Unsere Zukunft: Friedhof.

anderen Kind die Schaufel über den Kopf – oder tun das auch mal nur, um zu sehen, welche Reaktion das auslöst. Naivität ist auch Gemeinheit – aber versteckt hinterm Kindchenschema. Doch damit Menscheneltern solch kriminelles Verhalten nicht ständig zur Anzeige bringen müssen (und dem Kind die Zukunft rauben), hat man sich irgendwann in der Menschheitshistorie – wenn auch überraschend spät – darauf geeinigt, dass Kinder per se unschuldig sind. Und es ist sicher nicht das schlechteste Ziel, diesen bewusst nicht ganz ehrlichen, unschuldigen Blick auch im Erwachsenenalter beizubehalten.

So gesehen: Schon ein oberflächlicher Blick in die gerade in Hinsicht Kindererziehung an grandiosem Scheitern nicht arme Menschheitsgeschichte verrät, dass es an der Zeit wäre mal auszuprobieren, ausschließlich Homosexuelle Kinder kriegen und aufziehen zu lassen. Viel weiter daneben könnten sie ja wohl auch nicht liegen. Und wem das »unnatürlich« erscheint, soll erstens nicht so tun, als würde ihn Natur außer als Quelle für Vergnügen interessieren. Und zweitens anerkennen, dass der Mensch, ganz besonders der heterosexuelle, hervorragend in der Lage ist, Sexualität von Fortpflanzung zu trennen.[141] Wieso sollten Homosexuelle das nicht auch ganz leicht hinbekommen?

....

141 Alles, was man über das Verhältnis von moderner Heterosexualität zu ihrem biologischen Ursprung, der Fortpflanzung, wissen muss, befindet sich einer Szene der Episode »The Return of the Fellowship of the Ring to the Two Towers« der Serie »South Park«. In dieser Parodie auf die

»Herr der Ringe«-Filme kommt es zu einem Missverständnis zwischen den Eltern und den Kindern der Stadt. Während die Kinder einem Video zum Kinofilm hinterherjagen (die Folge stammt aus dem Jahr 2002; es gab noch kein Netflix), glauben die Eltern, die Kinder hätten einen Pornofilm, den sie untereinander weitergereicht hatten, zu sehen bekommen. Im Finale versuchen die Eltern, den überraschten Kindern zu erklären, was sie da vermeintlich gesehen haben. (Ich belasse die Zitate im englischen Original.)

Vater 1: All right, now, listen, kids. There's some things that we need to put into context for you. You see, a man puts his penis into a woman's vagina for both love and pleasure. But sometimes the woman lays on top of the man facing the other way so that they can put each other's genitals in their mouths. This is called 69ing, and it's normal.

Mutter 1: You see, boys, a woman is sensitive in her vagina and it feels good to have a man's penis inside of it.

Mutter 2: That's right. But sometimes a woman chooses to use other things. Telephones, staplers, magazines. It's because the nerve endings in the vagina are so sensitive, it's like a fun tickle.

Vater 2: Now, on the double penetration, boys, you see, sometimes when a woman has sex with more than one man, each man makes love to a different orifice.

Vater 1: That's right. It's something adults can do with really good friends in a comfortable setting.

Es gilt – das steht nach den Jahrtausenden bewusster Menschheit fest – die Faustregel: Überall dort, wo Homosexualität nicht bekämpft, ja vielleicht nicht mal benannt werden muss, leben alle besser. Dort – und das wiederum gilt leider für fast alle Zeiten und Orte –, wo es nicht so war und ist, herrscht trotz aller gegenteiliger Bestrebungen das Unglück. Das gilt sogar bis ins Individuelle: Genie überall dort, wo Homosexualität kein großes Thema ist – Leonardo da Vinci, Andy Warhol, Jens Spahn (kleiner Scherz; Ausnahmen bestätigen die Regel). Bösartigkeit dort, wo sie auch innerlich bekämpft wird – Hitler (evtl.), Roy Cohn, Jogi Löw (kleiner Scherz; Ausnahmen bestätigen die Regel).[142]

Homosexualität ist das Gegenteil von Dummheit, weil das

....

Mutter 2: It's also important that you understand why some people choose to urinate on each other.

Vater 1: Going number one or number two on your lover is something people might do, but you must make sure your partner is OK with it before you start doing it.

Vater 2: OK, boys, do you have any questions?

Kinder: Wow!

142 Oder sagen wir es so, liebes geschichtsvernarrtes Publikum: Von wem würden Sie sich lieber erobern lassen – von Alexander dem Großen oder von Dschingis Khan? Na? Eben! (Könnte aber auch rassistisch motiviert sein; man weiß das alles nicht so genau bei den vielen Verwerfungen der Geschichte.)

Gegenteil der Homosexualität Dummheit ist.[143] Oder wie lässt es sich erklären, dass die herrschende Gesellschaft Ewigkeiten zu blöd war, überhaupt gleichgeschlechtliches Begehren unter Frauen wahrzunehmen oder bestenfalls als Wichsvorlage für penisneidische Typen einzuordnen? Und was kann man von einer Mehrheit erwarten, die ernsthaft lange Zeit Władziu Valentino Liberace für einen heterosexuellen Junggesellen hielt?

....

143 Ich weiß nicht, ob dieser Satz stimmt oder dumm ist; ich bin aber auch nicht homosexuell.

Platz 2

Um zu erzählen, was die Errungenschaft der Geschichte des menschlichen Konsums ist, muss ma– ... Na ja, fangen wir so an: Konsum an sich ist bereits eine Errungenschaft. Konsum ist mehr als nur die notwendige Zufuhr von Nahrung. Nicht mal die endzeitlichen Sapiens, die komplett durchdrungen von Gedanken ans Kaufen und Verkaufen morgens und abends durch Stadtparks joggen, um fitter für die Jobs zu sein, in denen sich alles ums Kaufen und Verkaufen dreht, kämen auf die Idee, davon zu sprechen, sie konsumierten bei und nach der Anstrengung Wasser. Konsum beinhaltet irgendeine Form von Nicht-Notwendigkeit und damit vielleicht sogar Genuß.

Somit ist Konsum zutiefst menschlich. Er gehört – bei all der anstrengenden Kapitalismuskritik hier – zu den Vorgängen, die den Menschen zum nicht-tierischen Tier gemacht haben und den der Kapitalismus so verlässlich hervorgebracht hat wie kein zweites System des Wirtschaftens der Geschichte. Konsum führt ganz hervorragende menschliche Eigenschaften zusammen: Vorausschau, Selbstbeherrschung, Auskosten von Freude. Und das gilt nicht nur für die Ausnahme mittels Luxus. Selbst das Butterbrot und das gekochte Ei der Bauarbeiter besitzt ikonische Eigenschaften, weil sie nicht nur Kraftzufuhr sind. Die Brotbox ist einer der zahllosen menschlichen Siege im Wettkampf damit, sich der drängenden und bedrohlich fragilen Unmittelbarkeit der Energieversorgung in der Natur entziehen zu können. Die Haltbarmachung von

Nahrung, die fast komplette Selbstbestimmtheit von Ort und Art der Zufuhr von Nährstoffen (also diese zu konsumieren) ist ein humaner Triumph. Die Nahrungsherstellung und -aufnahme sogar zu zelebrieren, sich etwas zu gönnen, sich etwas zu leisten, ist die Medaille dafür.[144]

Konsum ist ideal gedacht nicht der Überfluss, in dem die Gewinner des kapitalistischen Bedürfnisschaffungssystems gefangen sind.[145] Kapitalismus besteht nicht unwesentlich daraus, Luxus profan zu machen, mitsamt des albernen Versprechens, so kämen alle in seinen Genuss. Ist der einst außergewöhnliche Genuss[146] ständig verfügbar, braucht es entweder protestantischen Selbsthass, Körperoptimierungs-

....

144 Und natürlich gibt es nur selten und für wenige Gold.

145 Oder wie es die »Bild«-Zeitung zu Beginn der vorerst letzten Pandemie formulierte: »Corona ist kein Grund, Anschaffungen zu vertagen, den neuen Golf nicht zu bestellen – im Gegenteil. Je gesünder unsere Wirtschaft ist und bleibt, desto robuster ist unsere Gesellschaft.« Konsum, das verrät sich hier, ist die letzte (falsche) Hoffnung. Diese Sätze unterscheiden sich von totalitärer Propaganda nur noch dadurch, dass sie keine utopische Realität herbeiwünschen wollen, sondern ziemlich exakt beschreiben, in welch trostlosen Verhältnissen der zukunftslose Mensch seine letzten Jahrzehnte verbringen wird.

146 In einer anderen Gesellschaft als dem Kapitalismus wäre die Formulierung »außergewöhnlicher Genuss« redundant; im Kapitalismus sind viel zu viele Genüsse gewöhnlich und damit in jedem Wortsinne überflüssig geworden.

fetischismus oder zeitintensive Reflexion[147], um ihm nicht zu verfallen. Permanent üben die reichsten Sapientes das ein. Zum Beispiel an ihren Haustieren, die nicht mehr nur als Nachkommen der Nutztiere irgendwie mitlaufen, sondern als Kinder- oder sonstigen Liebesersatz vermenschlicht und also erzogen werden müssen. Über sie führt sich der reiche Sapiens vor, was passiert, wenn man Genuss nicht regulieren kann. Ihre Hunde und Katzen erziehen sie zur gleichen Restriktion, der sie jeweils anhängen – oder beobachten sie dabei, wie sie sich an Leckerli dumm und dämlich fressen.

Reiches Menschenleben ist Suchtkontrolle. Und das Wachstum des Menschen in die restlose globale Herrschaft ist auch die Geschichte der Kollektivsüchte; die Historie des Zigarettenanzünders im Auto, der Smartphone-Ladestation im Einkaufszentrum, der Hausbar und dem »medizinischen« Cannabis.

Der wahre Höhepunkt (oder zumindest das Extrem) des menschlichen Konsums ist also nicht die Nahrungsaufnahme, es ist die Entdeckung und Kultivierung von Rauschmitteln. Drogenkonsum gehört zu den vielen Methoden, die der Mensch entwickelt hat, um sein höheres Bewusstsein für Momente tiefer zu legen. Das ist allein schon notwendig, weil der Mensch gerne zwischendurch vergessen möchte, dass er

....

147 Das ist das, was die Reichsten Therapie nennen, und nur sie auf diese letztlich unmedizinische Art nötig haben. Die Armen benötigten Therapie zur Bewältigung von Krankheit, nicht zur Bewältigung des Überflusses und der damit einhergehenden Schäden und Zweifel.

sterblich ist.[148] Von der ersten bewussten Gabe von Rauschmitteln bis zum letzten Tag des Sapiens wird der Unterschied zwischen Medikament und Droge ein rein funktionaler gewesen sein. Denn beides verfolgt den gleichen Zweck: den Tod aus dem Menschen zu treiben; sei es in Form von Bakterien, Schmerzen oder den vermeintlich depressiven Gedanken, die eigentlich nur die Härte der humanen Existenz realistischer einschätzen als das hormonell zur Verdrängung ausgerüstete Menschengehirn es vorgibt. Nur dass Drogen viel eher als Medikamente den Tod auch in den Sapienskörper tragen können.

Der Mensch lebte die meiste seiner Zeit im Filmriss.[149]

....

148 Ich kenne mich mit Freud nicht allzu gut aus, aber kann es sein, dass so etwas wie Unbewusstes in der menschlichen Psyche erst entstand, als es die Möglichkeiten gab, nahezu permanent den Tod aus dem unmittelbaren Umfeld zu verdrängen? Der vom Tod ständig bedrängte »archaische« Sapiens benötigt jedenfalls keine Verlagerung ins Versteckte (oder das Offensichtliche der den Tod liebenden Medienwelten). Ohnehin gibt es neurowissenschaftliche Beobachtungen, die die Freudsche Einteilung der menschlichen Psyche für falsch erachten: »Es gibt kein Unterbewusstsein, sondern nur die parallel prozessierende, verteilte Anstrengung unseres Hirns, sich einen Reim auf die Welt zu machen. Das erfordert in jedem Moment nahezu alle geistigen Ressourcen, die wir besitzen. Wir haben gar keine Rechenkapazität für Unterbewusstes.« (Nick Chater, Verfasser von »The mind is flat«).

149 Für die Spezies gilt das, was für jedes individuelle Mitglied dieser gilt: Den engen Fokus der Wahrnehmung ergänzt

Was immer er so angestellt hat, damals nackt in der Steppe – ein paarhunderttausend Jahre lang wusste er hinterher nicht, was vorher gewesen war. In Sippen zog er über den Kontinent, den er heute »Afrika« nennt und mehrheitlich missachtet und demütigt. Erinnerungen hervorgrunzen konnte er bestenfalls zwei Generationen zurück. Aber was gab es da schon groß zu erzählen im gefährlichen Naturparadies?

»Kennt ihr schon die Geschichte von den giftigen Beeren?«

»Ja, tausendmal gehört.«

»Und die von Opa, der bei der Gnujagd zertrampelt wurde?«

»Zu früh!«

Dagegen sind die Ausführungen betrunkener Onkel an der Weihnachts- oder sonstiger Familientafel, die der Mensch heutzutage ertragen muss, ein kurzweiliges Spektakel.

Ohne interessante Geschichten keine Erinnerung. Ohne Erinnerung keine Geschichte. Ohne Geschichte keine Zivilisation. Also begann der Mensch, sich Notizen zu machen, an

. . . .

das Gedächtnis jeden Moment zu plausiblen Erzählungen. Wobei plausibel eben nicht bedeutet, dass darin alles logisch oder ohne Widersprüche sein muss. Plausibel bedeutet, es ist ausreichend überzeugend, um nicht aufzuhalten. Erneut Chater: »Alle spontanen Deutungen nehmen wir aus dem Fundus des in uns Gespeicherten, aus unserem Gedächtnis. Woher auch sonst? Aber wir fügen sie stets spontan zu erklärenden, oft widersprüchlichen Geschichten zusammen.« Der Mensch ist durch seine Jahrtausende getappt, wie ein Betrunkener zum Auto. Und dabei trotzdem erstaunlich oft zu Hause angekommen.

Höhlenwände Krakelzeichnungen zu setzen, die heute noch überdurchschnittliche Bierdeckelillustrationen abgäben. Da stand zwar immer noch nur was von gefährlichen Gnu-jagden, doch mussten nun alle am Lagerfeuer sich neue Storys einfallen lassen, im Wissen darum, dass schon Generationen davor die Gnu-Sache eigentlich auserzählt war. So ist wahrscheinlich die gesamte Geschichte der Menschheit nur eine Aneinderreihung von Kerlen, die im nächtlichen Feuerschein Eindruck hinterlassen wollten. Es geht eine direkte Linie vom vorzeitlichen Prahl-Jäger zum »Wonderwall«-klampfenden Typen der späten Neuzeit.

Um den Angebereien von Kerlen über den Tag hinaus Bestand zu geben, kam das Konzept »Kultur« gerade recht. Mit ihm wurden aus den Tier- und Menschenabbildungen Symbole halbwegs konstanter Bedeutung, am Ende sogar Schrift.[150] Denn auch wenn das Gesinge bei Gelagen noch bis ins europäische Mittelalter die beherrschende Methode der Tradierung blieb, war alles in Stein Gehauene oder zu Papier Gebrachte das einzig halbwegs zuverlässig Beständige. Wahrheit und Fiktion gingen so oder so dabei wild durcheinander, die Taten früherer Kerle allerlei Geschlechts wurden immer wieder umgeschrieben, gestohlen oder ein-

....

150 Das ist zum Zwecke der Polemik vereinfacht: Schrift hat ihren Ursprung nicht nur in bildlicher Nachahmung von (vor allem Nutz-)Tieren, sondern auch in der Verwaltung, in der Verteilung von Gütern. Sumerische Tontafeln organisierten mit Keilschriften vor über 5000 Jahren Produktion und Vertrieb, sogar Bilanzen wurden so erstellt.

fach getilgt, damit der akute Herr ja in Erinnerung bliebe.[151] Und am erfolgreichsten war dann der sehr wahrscheinlich fiktive und erstaunlich freundliche Mann, von dem es hieß, er könne Wasser in Wein verwandeln. Kein Wunder.

Die menschliche Spezies als gesamte hinterlässt bis heute, da die letzte Runde naht, den Eindruck einer weit über den Durst alkoholisierten Kneipenfigur – auf sich selbst fixiert, im Wechsel aggressiv und weinerlich, im Zweifel bigott und übergriffig, und herzlich nur, wenn es sentimental oder rudelbildend wird –, ist also stets auf dem Sprung zur nächsten Aggression. Selbst einen im Grunde weinseligen Hippie wie Jesus hat sie so lässig wie gedanklich wendig immer wieder zum Schutzgott des Massenmordens gemacht.[152] Und Wein zu seinem Blut – auf dass beides massig fließe.

....

151 Von Frauen war der Einfachheit halber meist k einfach gar eine Rede.

152 Welch große, flexible, ja fast tatsächlich magische Macht die »abendländische«, die christliche Kultur doch ist, erkennt man an der katholischen Inquisition. In nur ein paar Jahrhunderten aus einer vergleichsweise friedfertigen heiligen Schrift eine totalitäre, terroristische Praxis hervorzubringen, die alles eigentlich göttlich Verbotene – Lügen, Foltern, Morden – zu einer gerechten Waffe für selbigen Gott macht –, auch das vermag kein Krake, kein Delphin, kein Schwein. Und dass diese Institution auch Jahrhunderte später, nach Reformation, Glaubenskriegen, Aufklärung, Säkularisierung, nun nicht mehr als »Inquisition«, sondern als »Glaubenskongregation weiterbesteht und sogar noch zu Beginn des 21. Jahrhunderts mit dem

Es ist nur konsequent, dass der Homo sapiens Alkohol zu seiner erfolgreichsten Droge gemacht hat, entspricht dieser doch auch individuell der biologischen menschlichen Entwicklung. Der Weg vom Säugling zum produktiven Mitglied der Gesellschaft ist der umgekehrte Vollsuff: Das Neugeborene befindet sich im Delirium, liegt kaum bei Sinnen und zappelnd in seinen Körperausscheidungen. Dann fängt das Kind an zu lallen, ist entweder himmelhochjauchzend oder zu Tode betrübt gestimmt. In der nächsten Phase robbt es über den Boden, nimmt Dinge in den Mund, vor denen es Menschen mit klarem Verstand ekelt. Darauf folgt die Zeit, in der es auf wackeligen Beinen steht, herumkreischt und alles hundertmal wiederholt. Später wird getorkelt und vom Rad gefallen. Kurz: Mindestens 16 Jahre braucht ein Mensch, um einigermaßen fahrtüchtig zu sein. Um dann wiederum zur Feier dieser Fähigkeit sich mittels Alkoholkonsum zurück in den Anfangszustand zu jagen.

Doch weiß der Mensch genau um die Gefahren seiner legalen wie illegalen Drogen, um die Flüchtigkeit des Glücks der Regression. Aber er will halt, so gut es geht, vergessen, dass er mal wird sterben müssen. Und weil ihm die Illusion, die wilde Mischung aus Wahrheit und Fiktion stets näher geblieben ist als die Kälte der nüchternen Erkenntnis, stört er

....

Hitlerjungen J. Ratzinger einen Papst hervorbringen kann – ja, das ist schon ein besonderes Zeugnis der Hartnäckigkeit der Spezies Homo sapiens.

sich nur punktuell am Paradox, dass die Mittel zur Verdrängung des Todes potenziell tödlich sind.

Die Menschheit hat in den 15 000 Jahren der Sesshaftigkeit mehr Drogen gesammelt als in den Hunderttausenden Jahren des Umherstreunens ungiftige Beeren. Denn das höhere Bewusstsein, das sich der Mensch als abgespalten von seinen tierischen Gefühlen imaginiert – vermutlich als kognitive Rache am störrischen Gnu –, liefert eine breite faktische Basis für Angst. Das angeblich Nichtmehrtierische füttert das innere Tier mit Anlässen, entweder wegzurennen oder zu erstarren wie ein Reh im automobilen Scheinwerferlicht. Der Mensch weiß, weil er es spürt, und spürt, weil er es weiß: Das Universum ist kalt, amoralisch und so gewaltig, dass die schiere Existenz einem nur als fragiler Zufall oder Glück der Auserwähltheit vorkommen kann. Das Erste macht bei näherer Betrachtung panisch, das Zweite ist in der Idee schon so nah an der Lüge, dass eine überwältigende Menge an Zweifeln weggebombt werden müssen. Zum Glück gibt die humane Hirnchemie einiges her, um das Nichts, das jedes Leben räumlich wie zeitlich umschließt, mit buntem Zinnober zu füllen. Drogen sind der ständig reinszinierte Big Bang des neuronalen Netzwerkes. Hinweg mit der Realität, die anzuerkennen der späte Mensch »Depression« nennt! Für Momente soll Alles sein, wo eben noch Nichts war.

Das kann auf Dauer nicht gutgehen, also müssen die Drogen, die je nach Kulturkreis variieren, aber im Wesentlichen immer entweder energiegeladen ablenken oder dämpfende Erholung bieten wollen, ins gesellschaftliche Zusammenspiel so eingebaut werden, dass sie die Produktion des Alltäglichen nicht zu sehr stören. Die Rituale, die dabei den

Rausch zur akzeptablen Alltagserscheinung machen, sind so ulkig, dass sie zu den sympathischeren Kulturleistungen der Menschheitsgeschichte gehören. Schon zu verstehen, welche Alkoholgabe zu welchem Essen, zu welcher Tageszeit, zu welcher Region, zu welchem Geschlecht und Sozialisation gehört, ist ein Tanz über das dünne Eis des Zivilisatorischen. Weitere beliebige Beispiele: Seit Jahrzehnten lecken sich Mitteleuropäer immer wieder Salz von der Hand und beißen in eine Zitrone, um einen mittelamerikanischen Schnaps zu trinken – welch Quatsch. Wenn auch kein so großer wie das durchschnittliche Bohei der reichsten Sapientes um gegärte Trauben. Andere hören Musik homophober Schunkelkerle und imitieren deren modisches Auftreten, weil der angeblich religiöse Gebrauch von Marihuana den eigenen Konsum beim Mariokartspielen veredelt.[153]

Oft begann eine Droge auch ihre Karriere als Medikament. Während die Firma Bayer Anfang des 20. Jahrhunderts christlicher Zeitrechnung Zweifel an dem Wirkstoff hatte, der später als Aspirin vor allem als vermeintlich antidotischer Alkoholparasit sich über den ganzen Planeten verbreitete, haute man das vom gleichen Chemiker gemischte Heroin einfach raus. Wanderer, Schwangere, Kinder nahmen Herointabletten, weil damit vieles leichter ging oder zumindest es so erschien. Erst als das Opium in New York knapp wurde und eine Alternative zu diesem Hirnleckerli benötigt wurde, be-

....

153   Na, erkannt? Es geht um Reggae.

gann der Heroin-Konsum, wie man ihn später verteufelte. Mit ihm verschwanden auch die gemütlichen Opiumhöhlen. Ein weiteres Schmerzmittel, das zu viele zusätzliche Freuden herbeizaubert, um als Medikament durchzugehen.

Der Mensch teilte sich seine Rauschmittel stets in leistungsfördernde und realitätsfluchthelfende, wobei oft Dosis, Konsumzeitpunkt und Regelmäßigkeit den Unterschied ausmachen, zu welcher Kategorie eine Substanz gerade gehört. Zur Droge, also zum Problem, wird sie stets erst, wenn sie die Arbeitsleistung erheblich mindert, wobei die Konsequenzen, die von Tod, Obdachlosigkeit bis schnuckeligen Reha-Aufenthalten reichen, stets stark davon abhängen, ob der eigene Körper oder Besitz gewöhnlich für einen arbeiten.

Und so ist es mit Alkohol und Drogen wie mit fast allem, das der Mensch angefasst hat: der Teil, der Schönheit verspricht, ist gegen Hässlichkeit erkauft und führt meist wieder in sie. Und beides wird aufwändig verbrämt, zur nächsten wilden Mischung aus Fiktion und Wahrheit, weil rabiate Unvernunft als kurze Auszeit von der Last der Vernunft nur funktionierte, wenn Vernunft tatsächlich regieren würde. Tat es aber nie. Und so sind die zum Teil wunderbaren Drogen rabiate Unvernunft als Auszeit von der permanenten.

Aber was waren die besten Drogen? Hier die Top 5:[154]

....

154 Hier wird die Ankündigung, in diesem Buch sei der Mensch des Menschen Sonja Zietlow, endlich wahrgemacht. Hat aber auch gedauert!

Platz 5: Ecstasy

Vorteil: Lässt einen tanzen und lieben auf angemessen unspezifische Weise.

Nachteil: Macht so doof, wie Glücksempfindungen es eben verlangen.

Platz 4: Alkohol

Vorteil: Verschafft einem Geselligkeit, auch alleine.

Nachteil: Männer.

Platz 3: Opium

Vorteil: Macht selbst munterste Männer müde.

Nachteil: Dank Heroin nur noch Nischenprodukt.

Platz 2: Das Leben

Kleiner Scherz.

Wirklicher Platz 2: Tavor

Vorteil: Nimmt alle Angst vor der Angst, gilt deswegen als Medikament.

Nachteil: Sucht und Wirkungseinbußen nach wenigen Tagen Konsum.

Platz 1: Marihuana

Vorteil: Macht so doof, wie Glücksempfindungen es eben verlangen, aber ohne dass man tanzen muss.

Nachteil: Kifferhumor.

Platz 1

Um *die* Errungenschaft der Hunderttausende Jahre von Menschheit zu benennen, muss man weit ausholen, weil das Ausholen die Errungenschaft selbst ist: Zeit. Oder noch besser: Zukunft!

Der Sapiens ist nicht mehr ein Tier unter Tieren, sondern ein Tier über Tieren, weil er eine einzigartige Vorstellung der Zeit besitzt. Und zwar nicht nur von vergangener Zeit, die andere Tiere mindestens intuitiv auch in sich tragen, sondern ganz besonders von der kommenden. Der Mensch ist die einzige Spezies, die Zukunft hatte. Das Ringen damit ist das ganz Wesentliche und Besondere des Sapiens. Der Mensch modelliert das Mögliche aus dem Bekannten und passt sein Handeln an. So benötigt er keine Nischen im Ganzen der Natur, sondern kann fast alles, was Natur ist, zu seinem Habitat machen. Der Mensch war das einzige Tier mit Zukunft, weil er das einzige Tier ist, das sich mehr als die unmittelbare vorstellen kann. Andere Lebewesen der Erde mögen elefantöse Gedächtnisse haben, sie mögen krakenhaft mit neun fast voneinander unabhängigen Hirnen operieren können[155], sie mögen wie Affen oder Vögel Instrumente nutzen oder in Rudeln klügste Jagden planen, aber eine Vorstellung von

....

155 Kraken mögen den Marshmallow-Test ... Ach nein, das hatten wir schon.

dem, was alles kommen könnte, ist ihnen unmöglich. Weil sie keine Idee davon haben, was alles ist.

Der ganze Gag am Homo sapiens ist seine Fähigkeit, die eigene Natur zu reflektieren und dann gegen sie handeln zu können. Das ganze Trauerspiel seiner Existenz ist, wie kurzfristig diese Reflexion sich trotzdem auswirkt.

Die Gabe und der Fluch des Menschen, sich eine Vorstellung von der Zukunft machen zu können, hat unter anderem zu Gestalten wie dem Orakel von Delphi, Nostradamus und dem Zukunftsforscher Matthias Horx geführt.[156] Der Mensch hat eine sehr enge Wahrnehmung, aber ein sehr weitgehendes Vorstellungsvermögen. Er schaut halbwegs zuverlässig nur bis zu seinen Großeltern zurück, hat sich aber immense Instrumentarien geschaffen, weiter zurückblicken zu können, um das Wichtigste nicht zu verlieren. Dabei generiert er ständig auf der Realität basierende Fiktionen, die ihm erzählen, wer er ist. Und was er werden kann. Zehntausende Jahre hat sich der Sapiens Zukunft geschaffen. Immer wieder neu. Und das mit seiner individuell erstaunlich engen Wahrnehmung. Der Sapiens kann nur eine Farbe gleichzeitig sehen, und trotzdem erscheint ihm alles bunt. Er kann nur einen kleinen Ausschnitt der Welt optisch verarbeiten, ergänzt aber den Rest außenrum spektakulär. Er kann nur ein Wort

....

156 Ja, man könnte fast – rückblickend – sagen, Matthias Horx ist das, was passiert, wenn man altgriechischen Priesterinnen und frühneuzeitlichen Apokalyptikern die psychedelischen Dämpfe, die mutig gepanschten Mittelchen und den religiösen Wahn nimmt: etwas Todlangweiliges.

nach dem anderen lesen und rast trotzdem durch Texte, ergänzt durch das, was er hineinliest. Und so geht er auch mit seiner Geschichte um: Vergangenes erhält sich in Zuspitzungen und Klischees, in Punkten, die zu immer neuen Bildern verbunden werden.[157]

Das Höhere am Bewusstsein des Sapiens ist die Fähigkeit, seine Umstände, die Umstände allen Lebens, so zu fiktionalisieren, das auch Wahrheiten abfallen, mit denen sich expandieren lässt. Das gilt für das Individuum wie für die Spezies an sich: ständig muss Sinn erzeugt, letztlich sich selbst eine Vergangenheit gegeben werden, um damit eine Identität nach außen so zu erzeugen, dass die eigene Existenz gerechtfertigt wird. Das tat der Mensch in all seinen Äußerungen, nicht erst seit er sich ständig auf die Bühnen sozialer Netzwerke begibt. Soziale Netzwerke haben aus (wenn auch zumeist profaner) Sinnerzeugung ein erfolgreiches Geschäft gemacht, das zuvor Hanseln wie Buchautoren vorbehalten war.

Die vielen Kollektive, in denen der Mensch teils freiwillig, aber noch viel öfter unfreiwillig steckt, dient erst recht der Rechtfertigung der Gegenwart. Was keine Zukunft anbietet, hat keine. Und was keine Geschichte hat, nimmt sich die Möglichkeit der Herrschaft. Denn Herrschaft, also die Orga-

....

157 Alles Komplexere versteckt sich in Sprache und Kunst und ist nur sehr schwer oder meist gar nicht für spätere Sapientes zu rekonstruieren. Dass sie es trotzdem permanent versuchen, ist auch dem geschuldet, was den Menschen zum Menschen macht: dem ganzen Gag.

nisation der Interaktion kleinster bis größter Menschenmengen, funktioniert nur, wenn einem gewissen Anteil der Individuen der enge Wahrnehmungsbereich mit dem gefüllt wird, aus dem sich leicht eine Identität bauen lässt. Vergangenheit ist den Völkern nicht weniger Opium als Religion. Religion ist ohnehin nur der Mythos, zu dem jede kollektive Vergangenheit werden kann, aber mit großen Versprechen für die Zukunft; vor allem natürlich dem, den Tod zu besiegen. Oder zumindest zu entschärfen.

Geschichte erzeugt Zukunft. Und die Gegenwart ist das, was diesem notwendig vereinfachten Selbstbild zusetzt. Nie entsprach die Gegenwart des Sapiens der Zukunft aus der Vergangenheit. Und doch gab der Mensch nie seine Zukunft auf. Das lässt das Sapienshirn ungern zu. Mechanismen, die dafür sorgen, dass man eine Zukunft entwerfen kann, fällt es schwer, die Gegenwart als Rückschritt zu erachten. Immer muss der Mensch zum Beispiel die gerade vergangenen Moden belächeln, bis sie fern genug liegen, um sie wieder zu entdecken. In nicht so seltenen Fällen mit dem Selbstbetrug, etwas neu geschaffen zu haben.

Oder anders gesagt: Das, was der Sapiens als Depression ansieht, ist der temporäre Ausfall seiner im Wortsinne sagenhaften Hirnchemie. Funktionieren im Bewusstsein einer eiskalt tödlichen Welt, die das Universum ist, ist das Hirngespinst, die Depression dagegen realistisch. Deswegen ist noch die albernste Erzählung, die Zukunft gebiert, elementar. Realistisch müsste der Mensch aufgeben. So fällt er von einer (ausbeuterischen) Notlösung zur anderen – bis der Planet in seiner Überlastung keine mehr zulässt.

Zu genau will der Mensch es also gar nicht wissen, was

ihm bevorsteht, aber er will es ahnen können. Exaktes Wissen des Kommenden stellt den geliebten freien Willen in Frage, das Ahnen gibt ihm Zunder. Und lässt die Option, im Nachhinein, egal, wie es kam, es richtig gewusst zu haben.[158] Der Erfolg des Homo sapiens beruht nicht nur auf der konsequenten Anwendung des Präventionsparadoxes. Der von Zukunftsahnungen und fiktionalen Identitätsklischees verwöhnte Mensch verträgt die Defiktionalisierung der Vorhersage nicht. Sie ist als Abfallprodukt der Wissenschaft historisch zu neu, um nicht Leugnungen oder Strategien hervorzubringen wie etwa die, Warnungen von Klimaforschern mit apokalyptischen Religionsszenarien gleichzusetzen. Gleichfalls beliebt: »Wir haben das Ozonloch, das Waldsterben, Tschernobyl überlebt, da wird der Klimawandel auch nicht so schlimm sein« – bei Ignoranz, dass keines dieser globalen Probleme wirklich gelöst ist, und die Notlösungen gegen den massiven Widerstand des jeweils Herrschenden erzielt wurden. Es ist die verzweifelte Variante des Modus, aus Geschichte Zukunft zu generieren.

Es ist wahrlich eine Errungenschaft der Spezies, in den Jahrtausenden so viel Wissen auch auf Kosten der eigenen Gesundheit angehäuft zu haben – eine Handlung, die nur

....

158 Obligatorischer Hinweis: Das alles gilt natürlich vor allem für den männlichen Teil der Spezies, der seine Geschlechtsidentität so erfolgreich identisch mit dem Menschsein gleichgesetzt hat. Es gehört zum Scheitern des Sapiens, kaum matriarchalische Gesellschaften geschaffen zu haben.

Sinn hat, wenn eine (bessere) Zukunft vorstellbar ist. Menschliches Wissen dürfte ursprünglich an der prekären Realität geprüfte Information gewesen sein, die gegen eine gigantische Menge an Falschinformationen und Hirngespinsten, die ein höheres Bewusstsein auch benötigt, verteidigt werden konnte. Mit der massenhaften Ausbreitung der unüberschaubaren Anzahl spezifizierter Tätigkeiten und der Multiplikation der Kommunikation erscheint dieses menschheitshistorisch doch gerade erst vor kurzem als halbwegs stabil etablierte Wissen namens Wissenschaft vielen Spätmenschen so suspekt wie in vorwissenschaftlichen Zeiten. Weil niemand alles wissen kann, ist aus der Sicht derjenigen, die nicht mal wissen, wie ihre Alltagsgegenstände funktionieren, alles Wissen relativ. Und weil Wissen mehr noch als Macht vor allem Vorteil auf dem Markt ist, der rein gar nichts gegen Lügen hat, die sich gut verkaufen, liegen sie sogar manchmal nicht ganz falsch. Der Zweifel, der dem menschlichen Wissen überhaupt erst die Fähigkeit zur Vermehrung gibt, hat sich in Kombination mit der Überforderung in der überinformierten Welt eine mächtige Nische geschaffen: die Verschwörungstheorie.[159]

Sie ist zutiefst menschlich (und gewiss keine Erfindung des Internets). Es ist die Hunderttausende Jahre bewährte Konstante, der Modus, mit dem der Sapiens mit Vergangenheit die Gegenwart für die Zukunft stabilisiert: Das, was ins

....

159 Und ja, es sind Theorien. Wenn auch schlecht bis abstrus belegte.

vertraute Muster passt, das, mit dem das Individuum sich seiner Individualität wieder und wieder versichern kann, gibt Vertrauen in die eigene ständig angegriffene Souveränität. Mit seinem vermeintlich besseren Wissen[160] zeigt der Mensch (ob im Kneipengespräch, dem Revolverblatt oder in digitalen Foren) einen ähnlich seltsamen Stolz, mit dem er auch einen geliebten Film, ein Buch, Musik oder ein anderes Kulturprodukt anpreist. Er hatte zwar nichts mit der Entstehung zu tun, aber weil er glaubt, alles so gut einschätzen und bewerten zu können, ist das alles doch auch irgendwie auf seinem Mist gewachsen. Wissen ist vor allem ein Schatz, von dem man nur so viel zeigt, wie man bereit ist, sich notfalls klauen zu lassen. Weswegen auch alles, was nur ein wenig geheim oder wenigstens inoffiziell erscheint, gegen alle Vernunft glaubwürdiger wird. Und spätestens in einer Welt, die alle ständig mit so etwas wie Werbung umgibt – der geschickt gelogenen Produktinformation also, der man nicht vertrauen darf –, ist Misstrauen in Information anerzogen.

Die Verschwörungstheorie ist irgendwas zwischen plumper Emanzipation und dumpfem Fansein. Aber doch ein pervertierter Rest des Wunsches nach Wissen, der den Mensch zum Sieger der irdischen Evolution gemacht hat. Wissen soll dem Sapiens lieber gefährlich erscheinen als vor Gefahren

....

160 Das meiste von dem, was der einzelne Mensch so Wissen nennt, ist eher Hörensagen, angenommen eher aufgrund von Vertrauen, Ehrfurcht oder Abhängigkeit gegenüber dem Mitteilenden als aus kundiger Einsicht.

schützen, denn so lässt sich mehr Respekt erkämpfen als mit der Mühsal des Zweifels. Die Verschwörungstheorie ist die dumme, weil arrogante Antwort auf den belästigenden Umstand, von der Zukunft zu wissen, ohne sie zu kennen.

Die Verschwörungstheorie, die immer irgendwie antisemitisch wird, weil der Kapitalismus die einfache Erzählung vom raffenden Juden benötigt, damit niemand zu sehr am Schaffen zweifelt, ist der Triumph vom Markt eingebimster individueller Arroganz bei gleichzeitiger Verblödung durch Koppelung allen Wissens an Marktverwertbarkeit. Es ist ein dummer Triumph über die auch nicht gerade klugen offiziellen Geschichten, weil diese keine Zukunft mehr erzeugen. Die Trumps dieser Welt[161] können mit reiner Lust an der Zerstörung etablierter Nationalmythen (oder deren dummdreister Überhöhung) fast ungestört wirken, weil offensichtlich ist, dass es nicht mehr besser werden wird, als es mal war. Was im Wortsinne tragisch ist. Es war nie gut, wird noch schlechter – ohne Chance davonzukommen.

Dabei hatte der Mensch etwas viel Besseres im Repertoire, um mit den Zumutungen der Welt und der Menschenkollektive umzugehen: Naivität. Naivität ist eines der schmuckesten Konzepte des menschlichen Denkens. Naivität ist Dummheit – aber irgendwie nett. Und voller Hoffnung, nicht dumm zu bleiben.

Naivität ist zuerst einmal ein Konzept, um sich den Men- .

161 Die tatsächlich nicht nur »westlich« sind; der indische Präsident Narendra Modi verwendet ähnliche Muster.

schennachwuchs zu erklären und dessen Verhalten zu verteidigen. Die Dummheit des Kindes[162] ist verzeihlich, denn es besteht beim Kind nicht nur Hoffnung, sondern meist Gewissheit, dass es noch dazulernen wird. Das Kind ist menschenförmige Zukunft! Darum wird nicht nur die kindliche Dummheit als verzeihlich angesehen, sie wird oft sogar als niedlich gewertet und belohnt.

Naivität gegenüber allem, was einem neu ist, ist zuverlässig sympathisch und lässt weiteres Wissen zu. Naivität billigt anderen Sapientes erst mal zu, dass sie wissen, was sie tun (es muss ja nicht dabei bleiben). Naivität gegenüber dem, was man schon kennt, ermöglicht einem neue Einsichten. Naivität ist Menschenfreundschaft. Sie scheitert nur daran, dass es nie eine gesellschaftliche Organisation gab, die sie nicht bestraft. Dabei gehörte sie belohnt. Naivität macht mehr Zukunft möglich als das Beharren noch auf dem geschultesten Wissen.

Sie macht sogar Religion besser als ihre Bilanz. Denn Religion war und ist nicht überall und stetig ein Problem. Im Gegenteil: Sie spendet den Trost, den gute Geschichten nun mal liefern können. Vielleicht gilt die Faustregel: Wenn Spott über eine Religion und ihre Vertreter höchstens einige wütende Wortmeldungen Unbedeutender und Applaus vieler

....

162 Und die ist offensichtlich! Man frage zum Beispiel mal ein zweijähriges Kind nach einer Lösung für die Riemann'sche Vermutung, und man wird froh sein, wenn es »Riemann« überhaupt fehlerfrei aussprechen kann.

nur bedingt Betroffener auslösen, ist an diesem Ort und zu dieser Zeit diese Religion nicht am falschesten Platz – nämlich fern genug von verheerendem Einfluss (gänzlich ungefährlich deswegen wird sie dadurch natürlich trotzdem nicht). Sondern immerhin dort, wo man auch ihre Vorzüge genießen kann.

Religion ist elaborierter Quatsch, für das ihr ausgesetzte Individuum irgendeine Mischung aus nicht selten qualreich Anerzogenem und der nicht tot zu kriegenden Hoffnung, man könnte es der Hoffnung gleich tun und einfach nicht sterben – nur, weil man in der richtigen Haltung einem abwesenden, widersprüchlichen Irgendwas gehuldigt oder sich (zumindest zeitweise) gemäß tradierter Zwänge verhalten hat.[163]

Womöglich ist es eine Art kollektives Rausch-Kater-Ding, dem der Homo sapiens allgemein in der ein oder anderen Form stets gern erliegt. Denn Religion war durch alle Menschenjahre lächerlich, und die Spielarten, die bis heute überlebt haben, taten das nicht nur durch Flexibilität in der Auslegung und Brutalität in der Machtausübung, sondern

....

163 Noch alberner wird das institutionell. Wenn ein Papst verkündet, er wird Gott um das schnelle Ende einer Pandemie bitten, ist ein »Auf die Antwort bin ich gespannt« eigentlich schon zu viel, um die Lächerlichkeit dieser Bitte zum Vorschein zu bringen. Und trotzdem gibt es diese Institution noch, wird halbwegs ernst genommen oder zumindest nicht tagtäglich ausgelacht. Einfach, weil Naivität besonders mit Blick auf eine unschöne Zukunft wohltut.

vielleicht auch dadurch, dass so vieles im Rückblick so peinlich daneben war, dass man lieber zu schweigen versucht und weitermacht, statt sich dem gefährlichen Quatsch, den man da bei nicht vollem Verstand verbrochen hat, ehrlich zu stellen.[164]

Wenn Menschsein tatsächlich ein wenig Kindbleiben ist, wie gutmütige Humoronkel gerne behaupten, sollte neben dem Scherz über Religion auch der spielerische Ernst im Umgang mit dieser seinen Platz in der Loge der Sapienserrungenschaften haben. Schließlich dürfte die monotheistische Religion, die den fernsten und offensten Gott hat und den phantasievollsten Umgang mit Regeln, gerade deswegen das ermöglicht haben, was man Humor nennen kann: ein komplexes Konstrukt von Gedankenspinnereien gegen das diesseitige Elend, die auch das Verlachen von Göttern

....

164 Außerdem kann eine religiöse Phantasie auch durchaus Freude bereiten, in ihrer Verrücktheit und dank des einfach zur Verfügung gestellten Überlegenheitsgefühls bei der Distanzierung. So hat, um ein sehr beliebiges Beispiel zu nennen (gemessen an den Jahrtausenden der Spezies), eine ausgesprochen minderjährige Person, die mit in meinem Haushalt lebt, weil sie dort hineingeboren wurde, kürzlich erkannt, dass hinter all dem auch Kika-tradierten Religionsabfall wie Christkinder, Osterhasen, Zahnfeen und so die Eltern stecken. Aber nach kurzer gemeinsamer Überlegung beschloss sie, dass es viel mehr Spaß macht, so zu tun, als gäbe es sie alle wirklich. Es mache ja auch mehr Spaß, wenn man glaubt, der Legokrankenwagen sei ein echter.

nicht auslassen können.[165] Oder so: Was wäre das für eine Menschheit, in der es Heidrun nie gegeben hätte, die Ziege auf dem goldbedeckten Dach in Walhalla, aus deren Zitzen zur Stärkung von Kriegern Met fließt? Eine Menschheit ohne albernen Anlass, Krieg zu führen? Hm. Na ja.

Jedenfalls: Jeder einzelne Sapiens, jede Gruppe, die er bildet, erzählt sich die Vergangenheit permanent neu, um die Gegenwart zu rechtfertigen. All die offensichtlichen Widersprüche und Inkonsistenzen müssen, zumindest zeitweise, ignoriert werden, damit das, was ist, das Richtige ist. Wer will schon ernsthaft im Falschen leben? Die menschliche Wahrnehmung ist bereits verlogen, mit all ihrer Konzentration auf die Augen und den damit verbundenen Täuschungen.[166] Da kommt es dem Sapiens gelegen, wenn er nicht zu viel hinterfragen muss. Die Lügen, die die Depression vertreiben, führen bis in seinen Kern.

Auch darin ist der Kapitalismus dem Menschen so nah gekommen, wie keine andere Organisation der Interaktion. Alles in ihm ist teilnehmende Lüge: von der Werbung übers Bewerbungsgespräch bis zu den Bilanzen. Und das, was nicht schön gelogen werden kann, wird versteckt hinter Be-

....

165 Gemeint: jüdischer Humor.

166 Die vielen optischen Täuschungen, denen das Gehirn unterliegt, sind längst Meme. Von der alten Frau, die auch eine junge ist, bis zur Vase, die zwei Menschen ist. M. C. Escher ist für den Menschen so wahr wie Albrecht Dürer.

triebs- und Staatsgeheimnissen. Aber alles rechtfertigt durch die Erzählung (und Praxis), dass die richtige Lüge im richtigen Moment einen voranbringt. Und kommen einem Zweifel, kann man sich noch immer vorlügen, dass die anderen ja auch genau so hätten handeln können. Im Wettbewerb schreibt der Sieger die Geschichte und gewinnt damit die Zukunft. Zumindest bis zu einer Niederlage. Die nun so offensichtlich ist, dass schulstreikende Mädchen mehr Konsistenz aufweisen als alle Staatsmacht zu suggerieren vermag.

Ja, die Zukunft, die menschliche Top-Errungenschaft, ist keine strahlende. Alle sogenannten Kipppunkte – also das, was die für die klimatischen Vorgänge aufmerksamen und systematisch vorgehenden Sapientes (Wissenschaftler:innen) als etwas ansehen, das unwiderruflich das Leben mindestens auf großen Teilen dieses Planeten unmöglich machen wird – sind bald erreicht oder bereits überschritten. Das große Finale der Menschheit als ungehindert herrschende Spezies über dieses herrliche Fleckchen Universum ist keine Frage des Ob mehr, sondern nur noch des Wann. Und bei diesem aus der Vergangenheit abgeleiteten Entwurf der Zukunft ist noch nicht einmal berücksichtigt, dass schon leichte Beschränkungen grundlegender Rohstoffe (es muss nicht mal Wasser sein) zu heftigen Kriegen führen können. Krieg ist der historische Normalfall einer Spezies, die sich Waffen geschaffen hat, mit denen der eigene Planet gleich mehrmals vernichtet werden könnte. Keine drei Wochen am Stück hat es der Sapiens seit Menschengedenken geschafft, auf dem ganzen Planeten Frieden zu halten. Raub ist der modus operandi des Menschen. Und er hat die Methoden, mit denen er den Planeten und die eigenen Artgenossen bestiehlt (und

dann mit den Folgen allein lässt) so verfeinert und beschleu-
nigt, dass das, was circa 12 000 Jahre zu erreichen gedauert
hat, in nur zweihundert und ein paar zerquetschten Jahren
wieder zu verlieren: die Natur als Untertan. Die Natur war
dem frühen Menschen trotz dem, was sie an Nahrung und
Werkzeug anbot, in Konsequenz ein unberechenbarer Feind.
Dem späten Menschen ist sie es erneut, weil der Mensch
stets schneller in ihrer Ausbeutung war als in seinem Verständnis davon, was er da ausbeutet.[167]

....

167 Der Sapiens hat es zum Beispiel geschafft, den Wal von
     einem Dünger der Meere in ein Gift zu verwandeln. Was er
     aber jetzt erst zu begreifen beginnt. Wale, in ihrer erstaun-
     lichen Masse, sinken nach dem Tod zum Meeresboden
     und düngen ihn. Die erstaunlich reiche Natur der tiefen
     Meeresböden, die auch jetzt erst erkannt wird, ist unter
     anderem Walen zu verdanken. Aber nicht nur hat der
     Mensch Wale unter anderem als Energiequelle ausgebeu-
     tet und zig Arten ausgerottet (die frühen Straßenlaternen
     wären zum Beispiel ohne Walfette nicht so leicht zu be-
     treiben gewesen). Ein Weilchen gerettet hat den Wal die
     Entdeckung von Elektrizität und Öl. Doch das Öl, in Form
     von Plastik, ist mittlerweile über die Meere in die Walkör-
     per eingedrungen, so dass der tiefste Meeresboden von den
     verwesenden Riesensäugern mitvergiftet wird. Aber bevor
     dieser Vorgang ausreichend erforscht und erfasst worden
     sein wird, werden auch die Tiefseeböden zerstört worden
     sein – vom Schürfen unter anderem von Manganknollen,
     die viel Kobalt enthalten. Und das wird benötigt für Akkus,
     Laptops und Smartphones, in E-Bikes und E-Autos, Solar-
     und Windkraftanlagen sowie für die zukünftig bedeut-
     samen Speicher von Ökostrom. Die angestrebte Rettung

Dem Menschen ist es gelungen, wieder dort anzulangen, wo er angefangen hat: als ein der Macht des Wetters nahezu hilflos ausgeliefertes Säugetier. Nur, dass der Sapiens von vor 20 000 oder 80 000 Jahren nur seine Sippe kannte – und wenn eine einer Naturkatastrophe zum Opfer fiel, gab es noch andere –, der Sapiens des 21. Jahrhunderts nach Christus (oder des 58. des jüdischen Kalenders oder im 16. der islamischen Zeitrechnung) aber aus einer fast achtmilliardenköpfigen Sippe besteht, die einer fast ebenso vielgestaltigen Katastrophe ausgesetzt ist. Alles vom Menschen Erschaffene ist größer, stärker, mehr geworden, aber der Falle der im Grunde tierischen Existenz ist er – über den gesamten Zeitraum gesehen – nur entkommen, indem er diese Falle maximal vergrößerte. Was ihm wiederum viel zu spät auffiel.

Erkenntnis war stets Abfallprodukt der Nutzbarmachung des Planeten. Der Homo sapiens ist vieles, ja fast alles, was der Rest der Natur auch ist. Der Mensch besteht zu achtzig Prozent aus Wasser, ist also praktisch eine Gurke mit Angststörung (sagt ein Internet-Meme recht treffend). Der Mensch ist Pflanzen- und Fleischfresser. Er hat sich Gerätschaften geschaffen, um zu schwimmen wie Fische oder zu fliegen wie Adler oder Hummeln. Er ist vor allem das ultimative Raubtier des Planeten Erde. Er hat die Natur in domestizierte Nutzpflanzen und -tiere verwandelt und den Rest als Kulisse für HD-Dokufilme übrig gelassen, damit David

....

vor dem Zerstörerischen der Verbrennung ist auch nur ein weiterer zerstörerischer Raub am Planeten.

Attenborough im hohen Alter noch etwas zu tun hat. Und das alles gelang dem Menschen einigermaßen lässig neben der Arbeit und ohne volles Bewusstsein dafür, was er da tut. Nicht zuletzt, weil er unbedingt kein Tier, kein Teil der Natur sein will.

Aber selbst wenn die Klimakatastrophe nicht das Ende der Spezies Sapiens bedeuten sollte, zum Beispiel weil sich einige Exemplare aufs Meer, unter die Erde oder auf die Inseln erträglichen Klimas werden retten können, so ist auf jeden Fall Schluss mit dem, was dem Sapiens über Jahrtausende bis in die Gene bekannt geworden ist: die relative Stabilität des Wetters und der Jahreszeiten. Die Atmosphäre der Erde hat eine Konzentration an CO_2 wie weit vor der Entstehung höheren Lebens. Was mit den Lebensbedingungen in einem solchen Zustand passiert, ist ohne Präzedenz und unvorhersehbar zerstörerisch, sagt die Klimawissenschaft mit überwältigender Beweislast. Was aber in der Tat (trotz vieler netter Worte) keine andere Antwort erhält als: »Okay, schlimm, aber unseren Wohlstand dürfen wir deswegen nicht riskieren.« Der Erfolg des Sapiens steckte nie in Weitsicht, sondern in der kurz- bis mittelfristigen Steuerung der immensen Energien, die er freizusetzen vermag.[168]

....

168 In der erfolgreichen Serie »Chernobyl«, die den sowjetischen Atom-GAU von 1986 nacherzählt, aber als Produkt ihrer, also dieser Zeit auch das Verhältnis von Wissenschaft und Gesellschaft während der beginnenden Klimakatastrophe mitverhandelt, kommt eine ähnliche Diagnose

Alles wirklich Große der Menschheitsgeschichte war klein und im Zweifel im Widerspruch zum Herrschenden. Der amerikanische Komiker George Carlin behauptete mal: »Man lebt achtzig Jahre und erhält höchstens sechs Minuten reiner Magie.«

....

vor: Auf die Frage des für die Einhegung der Katastrophe zuständigen Politikers, wie man dieses besondere Feuer gelöscht bekommt, antwortet der Wissenschaftler: »Sie haben es hier mit etwas zu tun, was es auf diesem Planeten niemals zuvor gab.« Also kippen sie Sand in den nuklearen Brand und schaffen es per Trial-and-error-Verfahren, dass nicht halb Europa unbewohnbar wird (vorerst: Was Hitze und Waldbrände für das weiterhin nur unter großem Aufwand zu kontrollierende havarierte Kernkraftwerk bedeuten, ist auch noch offen). Die Klimakatastrophe wird weltweit ähnlich behandelt: Während die weltzerstörenden Feuer, die das moderne Leben ermöglicht haben, immer heftiger brennen, wird bestenfalls mal ein neuer Filter über den Auspuff oder den Schornstein gelegt und dann so getan, als würde sich so das Problem in Zukunft auflösen. Weil aber die Katastrophe eines außer Kontrolle geratenen Akw sich als unmittelbar mitteilt, die Klimakatastrophe aber die meiste Zeit die Normalität des menschlichen Lebens seit Erfindung der Dampfmaschine war, geschieht in Wirklichkeit noch weniger. Es wird nichts gelöscht, nichts abgeschaltet – im Gegenteil: Es wird noch mehr ins Feuer gegossen – und auf technische Lösungen verwiesen, die es nicht geben wird. Oder eben anderes zerstören.

Dies dürfte auch bestenfalls das Verhältnis für die Historie der gesamten Spezies, der Carlin angehörte, sein.[169]

Es gibt in Wahrheit keine wirkliche Errungenschaft des Sapiens, kein Ding, keine Idee, keine Praxis ohne Ambivalenz, weil in der Fähigkeit des Menschen, sich aus der Evolution zu stehlen, die eigene Zerstörung bereits zu liegen schien. Bleibt die Reflexion im engen Bereich der Wahrnehmung des einzelnen Menschen, ist sie Antrieb des Weiterkommens, versucht sie auf das Ganze zu blicken, bringt sie Verdrängtes und Vergessenes zum Vorschein, das bremst. Es gab kein richtiges Leben, weil der Mensch nicht dieser Mensch wäre, wenn er richtig werden könnte. Richtig im Sinne der Utopie, dass es expandierendes Sapiens-

....

169 Wenn es so erscheint, dass die Errungenschaften, die in diesem Buch höchst subjektiv und zwangsläufig voller Kenntnislücken vorgestellt wurden, gar keine so großen Errungenschaften sind, liegt das vielleicht an der idealistischen Enttäuschung des Sapiens, der sie ausgewählt hat. Der Mensch hatte ein, so möchte man glauben, gigantisches Potenzial zum Wunderbaren; ausgeschöpft hat er es nie, nicht mal im Ansatz. Wenn es keine wirklich belastbaren Errungenschaften des Menschen gegeben hat, dann vielleicht, weil der Mensch nie wirklich human geworden ist. Und das, was aus ihm werden wird, wird noch weniger human sein. Was aber wiederum keine Misanthropie ist! Es ist das, was ist, im enttäuschenden Vergleich zu dem, was hätte sein können. Jedes einzelne Menschenleben verdient, gelebt zu werden, und zwar so gut, wie nur denkbar möglich. Eine scheinbare Selbstverständlichkeit, die aber realiter nie eine geworden ist.

Leben ohne Rückzug und Zerstörung anderen Lebens geben könnte. Die humane Zukunft war so lange Utopie, wie Expansion, Wachstum, Fortschritt – oder wie immer sonst man das Fortschreiten der Zeit aus menschlicher Sicht glorifiziert –, wie die notwendige Ausbeutung der Natur[170] nur punktuell sichtbar wurde (und damit auf Götter oder anderes Unmenschliches geschoben werden konnte).

Der Sapiens, das waren nicht nur die Geschichten, die er von sich selbst erzählt hat, sondern die Zukunft, die er für sich entworfen hat, kollektiv wie individuell. Er konnte das als einziges Tier des Planeten, den er selbst »Erde« genannt hat.[171] Entsprechend kann man auch an seinen Entwürfen ablesen, wie viel er davon noch hat. In seiner eigenen beschränkten Wahrnehmung. Am Ende der Sapienshistorie erzählt der Mensch nicht mehr von seiner Zukunft, nicht mal in den populären Erzählungen. Mit Dystopien fürs Binge-Watching bereitete sich die Spezies auf ihren Abgang vor. Erfolgreich.

....

170 Die Ausbeutung innerhalb des Sapiens dagegen war stets offensichtlich – und doch genauso wenig zu verhindern.

171 Die Erde stellt übrigens in der Namensgebung der Himmelskörper, dessen deutscher Name nicht aus dem Griechischen oder Lateinischen stammt. Man vermutet, dass der Begriff »Erde« seinen Ursprung im germanischen »Erda« hat. Was immer das bedeuten mag. Ich deute es mal als letzten kruden, selbstgerechten Hinweis, dass nur ein Deutscher diese Bilanz schreiben konnte.

Aber vorher, so insgesamt betrachtet, gemessen an allen menschlichen Möglichkeiten, waren es doch nette sechs Minuten, in denen der Mensch seine Zukunft noch hatte.

Oh. Bevor ich es vergesse! Regenschirme waren auch eine tolle Sache. Wirklich. Komplett unterschätzt und viel zu lieblos behandelt. Ich meine, als die Menschen endlich genug gutes Shampoo hatten, um ihre Hüte abzulegen, regnete es weiter. Und dann waren sie da: Regenschirme! Aber das vielleicht ein anderes Mal ...

Ach nee, stimmt.

Mist.